La Transición

Diego Oña Espada

La Transición

ISBN-13: 978-1546330622
ISBN-10: 1546330623

Printed by CreateSpace, An Amazon.com Company

Índice

Reforma

La reforma de una dictadura

La ley para la Reforma Política de 1977 es la ley franquista que establece el cambio legal de la dictadura al nuevo sistema político. Es la octava Ley Fundamental del franquismo, aunque el General Franco había muerto en 1975 todavía seguía intacta la dictadura. Aprobada por las Cortes el dieciocho de noviembre de 1976, ratificada en referéndum el quince de diciembre de 1976, es sancionada por el Rey el cuatro de enero de 1977.

La Transición es un proceso que parte del franquismo. El control del proceso lo tuvo en todo momento el gobierno del régimen. *"Sabemos a dónde vamos y lo que pretendemos... Queremos actualizar nuestras leyes e instituciones para que respondan a las exigencias de los tiempos"*, son palabras del presidente Carlos Arias Navarro en su discurso televisado del 28 de abril de 1976 explicando la reforma política. Pero no está protagonizado sólo por el sector franquista responsable de su desarrollo: el Departamento de Estado de Estados Unidos, si no indicaba los pasos que habían de darse sí supervisaba el proceso e influía en él; la socialdemocracia europea, prestando apoyo político y financiero a los socialistas españoles; y, sobre todo, la propia oposición democrática clandestina, que negoció con el gobierno, aceptó y se adhirió a la reforma del mismo.

Las leyes que hicieron posible la Transición están basadas en las leyes franquistas. No es desacertada la expresión "de la ley a la ley". Hay una continuidad legal. Esto es evidente y no se intenta ocultar, es más, se alaba esta continuidad legal y se pone como ejemplo de que es posible realizar un fundamental cambio político sin traumas. Pero las implicaciones de esto son trascendentales.

La Ley 21/1976 de 14 de Junio sobre el Derecho de Asociación Política se sustenta, como se manifiesta en su preámbulo, en el artículo dieciséis del Fuero de los Españoles de 1945 que dice: *"Los españoles podrán reunirse y asociarse libremente para fines lícitos y de acuerdo con lo establecido por las leyes"* y establece en su artículo 1.3 que *"las asociaciones conformarán su actuación a las Leyes Fundamentales del Reino"* y en su artículo 2.2.c que para inscribirse como asociación política hace falta una declaración de acatamiento al ordenamiento constitucional, es decir, a las Leyes Fundamentales del franquismo. Y el Real Decreto-Ley 12/1977 de 8 de febrero, revisión parcial de la anterior ley, que modifica los requisitos para la inscripción de las asociaciones políticas - bastando la presentación de acta notarial de la constitución de la misma e identificación de los promotores junto con los Estatutos por los que se regirá- se sustenta en el artículo trece de la Ley Constitutiva de las Cortes. Al amparo de esta ley se inscribieron los partidos de la oposición en el Registro de Asociaciones Políticas del Ministerio de Gobernación del régimen franquista.

Que la Ley 21/1976 estableciera que las asociaciones debían conformar su actuación a las Leyes Fundamentales del Reino no fue impedimento alguno para que algunos partidos de la oposición solicitaran la legalización. Por ejemplo, el PSOE Histórico, el PSOE del exilio de Rodolfo Llopis, que mantenía una batalla por las siglas contra el PSOE Renovado de Felipe González y una carrera por quedarse con la denominación histórica del partido. Otros grupos socialistas también solicitaron la inscripción en el Registro de Asociaciones Políticas con esta ley como la Agrupación Socialista Madrileña o la Agrupación Socialista Sevillana, ambas pertenecientes al PSOE Histórico. El Partido Socialista Demócrata Español de Antonio García López fue admitido y reconocido como asociación política bajo esta ley.

Pero no fue hasta que entró en vigor el Real Decreto-Ley 12/1977 de 8 de febrero cuando todos los partidos se inscribieron. El 10 de febrero de 1977 el PSOE, el PSOE Histórico y el Partido Socialdemócrata pidieron la legalización. Miembros del PSOE Histórico hicieron guardia durante la noche para ser los primeros en solicitar la inscripción y lo consiguieron, ya esperaban *ante la ventanilla* del Registro de Asociaciones cuando ésta se abrió por la mañana. El PCE solicitó la legalización del partido al día siguiente, no sería legalizado hasta dos meses después.

¿Qué cambia el hecho de que la nueva Ley no mencionara que los partidos debían someterse a las Leyes Fundamentales? ¿No seguía siendo ésta una ley basada en el ordenamiento constitucional de la dictadura? ¿No se basaba en el artículo 13 de la Ley Constitutiva de las Cortes de 1967? ¿No se sometían los partidos a la legalidad de la dictadura?

Tan temprano como un año antes de que se promulgara la

Ley de Asociaciones Políticas al amparo de la cual se legalizaron los partidos, en enero de 1976 , Felipe González manifestó al embajador estadounidense Wells Stabler su voluntad de participar en las elecciones municipales del otoño anunciadas por el Gobierno, estuviera el PCE legalizado o no. González le dijo que *"el PSOE se lanzaría en las primeras elecciones municipales que eran consideradas por el PSOE un test para las supuestas intenciones democráticas del Gobierno"*.[1]

La Ley 21/1976 la hizo el gobierno de Arias, cuando en julio se formó el gobierno de Adolfo Suárez el Secretario General del PCE, Santiago Carrillo, pidió en su discurso del Pleno del Comité Central del partido comunista celebrado en Roma *"dejar en el congelador la Ley de Asociaciones hasta que existan condiciones para elaborar otra que sea realmente democrática"*. Juzgando las intenciones democráticas del nuevo gobierno decía que si se *"pone en el congelador la Ley de Asociaciones y permite que todos los partidos políticos - incluso los no democráticos, como son casi todos los que han pasado por la ventanilla[2]- actúen libremente sin la humillación de acogerse a una ley antidemocrática, se podrá empezar a creer en su sinceridad"*.[3] Pero ¿no es acaso la Ley 12/1977 hecha bajo el gobierno de Suárez, al amparo de la cual todos los partidos solicitaron su legalización, una ley igualmente antidemocrática como todas las leyes de asociaciones políticas hechas por los gobiernos de Arias? ¿No es acaso igualmente una ley hecha en ausencia de condiciones democráticas por el gobierno de una dictadura? ¿No es una ley, revisión de la anterior, igualmente basada en la legalidad de las Leyes Fundamentales de la dictadura? La *humillación*

---

[1] Cable 1976STATE024941_b, WikiLeaks.org, Public Library of US Diplomacy. (En adelante sólo se hará mención al número clasificatorio del cable)
[2] Se refería Carrillo a los partidos vinculados ideológicamente con el Movimiento Nacional, tales como Falange Española de las JONS, Unión del Pueblo Español, etc.
[3] Mundo Obrero, nº 30, 1976

de acogerse a una ley antidemocrática fue un trago amargo que bebieron con gusto, los partidos solicitaron voluntariosamente la inscripción en el Registro de Asociaciones Políticas al amparo de la Ley 12/1977. Con ello legitimaron la legalidad de la dictadura y el continuismo lo quisieran o no.

La Ley para la Reforma Política establece los pilares en los que se apoyará todo el proceso de la Transición que culminará con la Constitución de 1978.

Quien sanciona la ley es el nuevo Jefe de Estado, el Rey Juan Carlos, designado por Franco como sucesor a título de Rey en virtud del artículo seis de la Ley de Sucesión en la Jefatura del Estado de 1947. Y su artículo nueve manda que para *"ejercer la Jefatura del Estado como Rey o Regente se requerirá ser varón y español, haber cumplido la edad de treinta años, profesar la religión católica, poseer las cualidades necesarias para el desempeño de su alta misión y jurar las Leyes fundamentales, así como lealtad a los Principios que informan el Movimiento Nacional. El mismo juramento habrá de prestar el sucesor después de cumplir la edad de treinta años"*. Vemos aquí ya que la interpretación y cumplimiento de las leyes es un tanto arbitraria. Esta ley franquista es la que ampara legalmente al Rey para suceder a Franco, pero cualquier persona honesta verá que se ha incumplido la ley puesto que no se ha seguido una lealtad a los Principios del Movimiento Nacional. Lo único que pretendo mostrar es la incongruencia que es servirse de una ley para legitimarse como Jefe de Estado a la vez que se incumple esa misma ley.

En su artículo primero, uno, dice: *"La democracia, en el Estado español, se basa en la supremacía de la Ley, expresión de la voluntad soberana del pueblo"*. ¿Qué quiere decir esto?

¿Es democracia cualquier régimen en el que la ley se haga respetar? Es la definición de la democracia como Estado de Derecho. Según esta definición el régimen franquista podría ser considerado una democracia. El artículo siete de la Ley de Principios del Movimiento Nacional de 1958 viene a decir lo mismo: *"El pueblo español, unido en un orden de Derecho, informado por los postulados de autoridad, libertad y servicio, constituye el Estado Nacional."*

La Ley para la Reforma Política es una ley del todavía régimen franquista que introduce los cambios políticos que han de transformarlo. Veremos que los cambios no son tan profundos como se nos ha hecho ver y que esta continuidad llega hasta la misma Constitución de 1978.

Dice en el artículo primero, dos: *"La potestad de elaborar y aprobar las leyes reside en las Cortes. El Rey sanciona y promulga las leyes"*. Exactamente igual que ocurría con el anterior Jefe del Estado.

El artículo segundo establece que las Cortes se componen del Congreso de Diputados y del Senado. En su apartado tres dice: *"El Rey podrá designar para cada legislatura Senadores en número no superior a la quinta parte del de los elegidos"* al igual que el General Francisco Franco podía designar un número de procuradores en Cortes (Ley Constitutiva de las Cortes, artículo 2, I, j). Esto se olvida cuando se apela a la ley para la Reforma para legitimar la elaboración de la Constitución y su referéndum de ratificación. Sólo se coge de una ley lo que resulta conveniente. La arbitrariedad es una constante. Tras las elecciones de junio de 1977, la de la llamada *"legislatura constituyente"*, el Rey Juan Carlos designó a cuarenta y un senadores.

En las disposiciones transitorias se dice el número de diputados a elegir para el Congreso, trescientos cincuenta, por tanto, en una proporción de un diputado por cada cien mil habitantes; y el número de senadores, doscientos siete.

Dice que el sistema electoral será de representación proporcional y que la circunscripción electoral será la provincia.

En esta importante ley de la Transición, una ley que tiene rango de Ley Fundamental, sancionada por el sucesor de Franco a título de Rey, Juan Carlos, aprobada por las Cortes franquistas y firmada por su presidente Torcuato Fernández-Miranda y Hevia, queda configurado el sistema político que ha de suceder a la dictadura: forma de Estado, monarquía; Jefe de Estado, el sucesor de Franco a título de Rey; forma de Gobierno, actualización de las Cortes franquistas, sustituyéndose a los procuradores por diputados, y a las facciones franquistas (familia, sindicato, municipio, etc...) por los partidos políticos, aunque en esta Ley no se nombra a los partidos se infiere que la forma de Gobierno será una partidocracia al establecerse la representación proporcional como norma electoral; configuración bicameral, Congreso y Senado, a imagen de otros países, pero en España, que no es un país federal por su evolución histórica, tiene todo el sentido cuestionar la utilidad de una segunda cámara; sistema electoral, proporcional con circunscripción provincial.

El funcionamiento de las Cortes franquistas no era muy diferente al actual. Los procuradores se hallaban divididos en tendencias o familias, algunas de ellas enfrentadas, como los falangistas que todavía creían en su revolución pendiente, la nacionalización de la banca y el anticapitalismo. Formaban grupos por afinidad ideológica o intereses, como un grupo parlamentario Laboral Democrático o un grupo Parlamentario Independiente, y actuaban como miembros de partido.

Durante la sesión en Cortes de presentación del proyecto de ley para la Reforma Política se expresaban de esta manera: "ocupo en esta sesión este estrado en representación del grupo parlamentario..."; a los miembros de grupo se refieren como compañeros: "me uno a lo que decía mi compañero de grupo parlamentario..."; el grupo como asociación política con un fin definido: "la posición del Grupo Parlamentario Independiente sobre la Reforma Política ha sido ya claramente expuesta..."; la identificación como miembro de una asociación política: "Nuestro Grupo ha cooperado siempre con pragmatismo...". Algunos debates en esas Cortes franquistas tenían una altura intelectual que no se ha vuelto a repetir en la democracia. En esa Sesión en concreto se utilizaron conceptos muy elaborados y fundamentados en favor de la democracia, se pusieron como ejemplo de democracias eficaces a Francia, Inglaterra, Estados Unidos...

Estos son los cimientos del sistema político del 78 que en realidad son los mismos del franquismo. Porque una reforma no cambia la esencia de lo que reforma, sólo cambia aspectos superficiales, lo esencial perdura.

La forma de Estado queda establecida en la Ley de Principios del Movimiento Nacional que en su artículo siete dice que la forma política del Estado es la Monarquía tradicional, católica, social y representativa. El Jefe del Estado es el sucesor de Franco a título de Rey en cumplimiento de lo que dice la Ley Fundamental de Sucesión en la Jefatura del Estado. La provincia es la circunscripción electoral como lo era para elegir procuradores en Cortes de la Familia.

La Ley para la Reforma Política es una reforma de la dictadura. En esta ley se basa toda la legislación posterior de la Transición que culminará con la publicación en el BOE de la Constitución de 1978.

Que la Transición fue un proceso político dirigido por el gobierno franquista y la oposición que aceptó la reforma, que la naturaleza del sistema político y sus reglas ya estaban decididas de antemano y que estas eran fruto de negociaciones y acuerdos entre la oligarquía política queda bien retratado en este cable confidencial emitido por la embajada estadounidense publicado por WikiLeaks[4]. En este cable se recoge las impresiones de los americanos tras una conversación mantenida entre un miembro del gobierno que trabajaba para Suárez en la reforma política y un miembro de la embajada. Esa conversación tuvo lugar el día quince de diciembre de 1976, el día del referéndum de la Ley para la Reforma Política, por tanto, tres meses antes de que se aprobara la Ley sobre Normas Electorales y seis meses antes de que se celebraran las elecciones generales. Dice: *"La conversación se dirigió a las tareas de establecer las reglas de juego para las elecciones parlamentarias y el proceso de construcción de coaliciones políticas [...] La ley electoral o las reglas de juego: la siguiente tarea para el gobierno era negociar con todo el mundo, la oposición tradicional, Alianza Popular y todos los partidos respetables interesados en las elecciones. Qué clase de ley electoral dependería del resultado de estas negociaciones. Se mostró de acuerdo con la proposición de que el Gobierno intentaría equilibrar las posturas conflictivas de los actores políticos de manera que resultaran unas reglas electorales que satisficieran el criterio del Gobierno. [...] La formación del centro: él no compartió el optimismo de algunos miembros del gobierno con los que ha hablado esta embajada de que un amplio y único frente centrista se puede formar fácilmente entre Alianza Popular a la derecha y el PSOE a la izquierda. Él creía que tal alianza centrista era un*

4 Cable 1976MADRID09549_b

*objetivo deseable y que tenía alguna oportunidad de ser al-
canzado. Pero creía más probable otras alianzas electorales
centristas, una de centro derecha con Partido Popular y quizás el nuevo grupo que se está formando por la facción izquierdista del franquismo bajo el amparo del ministro del
interior Martín Villa, más quizás algunos liberales. La otra
sería una alianza de centro izquierda de demócratas cristianos (Ruíz Jiménez y otros), socialdemócratas y algunos liberales. Ambos grupos apoyarían que Suárez retuviera el
cargo de Presidente pero no creía que pudieran unirse en
una única formación".*

Forma de Estado, forma de Gobierno, sistema electoral, ...
Todo iba quedando "atado y bien atado" por la clase política,
la franquista y los nuevos partidos que se incorporaban a la
reforma, antes de la publicación de las leyes, antes de la celebración de elecciones o referendos de ratificación.

Sistema mayoritario, sistema proporcional

Todo se iba haciendo bajo control para obtener los resultados previstos. Puede leerse en el cable de 30 de septiembre de
1976, cuando se estaba elaborando la Ley para la Reforma Política: *"La cámara baja será elegida con un sistema proporcional. Entendemos que la crucial ley electoral es una garantía para evitar que los 'mini-partidos' consigan escaños".* Y
quienes más interesados estaban en adoptar un sistema electoral proporcional eran los partidos de la oposición: *"la oposición quiere desesperadamente representación proporcional, y esta es una concesión muy importante".*[5]

[5] Cable 1976MADRID07492_b

El sistema proporcional es el que facilitó la conquista del poder al NSDAP en la República de Weimar. Hoy presenciamos el espectáculo diario de los agoreros que anuncian el peligro de la llegada de partidos totalitarios o del ascenso de grupos extremistas de uno u otro signo. No quieren admitir que son las reglas de juego en las que ellos creen las que hacen posible esto. Y los partidos grandes pueden ver el ascenso de estos grupos considerados extremistas como una cosa buena dentro de su estrategia electoral para poder apelar al voto del miedo o para dividir la fuerza del adversario.

El criterio del Gobierno fue desde el principio implantar un sistema mayoritario, algo inaceptable para los partidos de la oposición y que supuso uno de los desencuentros con el Gobierno de Arias. El Gobierno de Suárez concedió a los partidos esta exigencia y fue desde entonces el sistema de representación proporcional la postura del Gobierno. El sistema de elección de diputados fue un tema de controversia en el debate en las Cortes sobre el Proyecto de Ley para la Reforma Política que tuvo lugar los días 16, 17 y 18 de noviembre de 1976. El debate no iba a cambiar la decisión ya tomada por el gobierno, al igual que ocurre en el Parlamento actual, los debates no cambian las líneas maestras de una ley, son más bien una exposición pública de la postura ideológica de cada partido. El sistema proporcional fue defendido en la Sesión por el Gobierno y la Ponencia, la mayoría de las intervenciones fueron a favor, diez procuradores defendieron la representación proporcional: Miguel Primo de Rivera y Urquijo (de la Ponencia), David Pérez Puga, José Meilán Gil, Bernal Sánchez, Gabriel Cisneros Laborda, Josep Meliá Pericás, Lorenzo Olarte Cullén (de la Ponencia), Antonio Segovia Moreno, Fernando Suárez González (de la Ponencia), Landelino Lavilla Alsina (del Gobierno). He aquí una selección de algunas de estas intervenciones en favor del sistema proporcional:

Por Miguel Primo de Rivera, *"Aceptamos criterios del sistema proporcional, porque creemos que es el más idóneo para conocer la realidad política de España; eso sí, con limitaciones para impedir la atomización de los grupos políticos que un sistema proporcional puro crearía, y así evitar los partidos más pequeños, sin entidad popular, los cuales muchas de las veces son los más extremados y los que rompen las situaciones de paz y de equilibrio de los pueblos"*.

Por David Pérez Puga, *"Está claro que en su principio la representación proporcional presenta un valor indiscutible en relación con el sistema mayoritario, en el cual la minoría no es nada"*.

Por José Meilán Gil, *"La opción política fundamental que late detrás de la aceptación en principio de los criterios proporcionales, tal como yo lo veo, consiste en el deseo de evitar que las próximas elecciones se planteen como un enfrentamiento dramático de dos únicas ofertas y que su resultado refleje este mismo enfrentamiento. Creo sinceramente que si las elecciones de 1977 se plantean así, como una simple disyuntiva, correríamos el riesgo de reproducir, de alguna manera, lo que debió quedar superado definitivamente ... Mi punto de vista favorable a los criterios proporcionales se justifica también por algo que se expone como uno de sus inconvenientes. Tengo la firme convicción de que es conveniente para el propio país y para su propio Gobierno que quien tenga la mayoría futura en las Cortes no se encuentre en una situación de prepotencia, favorable para suscitar la tentación de la imposición"*.

Por Gabriel Cisneros Laborda, *"la elección del sistema representativo debe ser función de la concreta toma en consideración de las circunstancias sociales en presencia. Y es la toma en consideración de esas circunstancias la que me mueve a postular el sistema proporcional para el futuro Congreso de los Diputados"*. A continuación, el señor Cisneros desarrolla una argumentación no muy sólida y pone como ejemplo otros países, dice que el sistema mayoritario no impidió el fascismo en Italia, pero olvida decir que fue gracias a la modificación del sistema electoral, mediante la Ley Acerbo, como Mussolini consolidó la toma del poder por el Partido Nacional Fascista.

Por Josep Meliá Pericás, *"el sistema proporcional es el que mejor se acomoda a esa necesidad de que todas las ideas encuentren sus portavoces; de que todos los estados de conciencia encuentran aquí su legitimidad [...] la representación proporcional eleva el tono de la contienda electoral, pues hace que se vote por las ideas, y no por las personas, con lo cual se quita a la lucha el carácter menudo que siempre comunican circunstancias de índole local o afectiva, y se la reviste de aquella nobleza que acompaña a las discusiones entre idearios y programas"*. Contienda, lucha... Desde luego el sistema proporcional garantiza el choque entre ideologías absolutamente incompatibles entre sí, facilita la configuración de los partidos como ejércitos contendientes cuyo enfrentamiento puede derivar al belicismo, y en cierto modo, respondería a una tendencia natural puesto que las ideologías no aspiran a convivir entre ellas, sino que tienden a imponerse de manera total. Cuando se apuesta por el sistema proporcional de este modo se entiende que desde el poder se controlará que aquellas ideologías más perniciosas no tengan opciones de victoria, lo cual no deja de ser una apuesta peligrosa e irresponsable teniendo en cuenta la realidad política e histórica española. Al final, se produce en efecto una convivencia, pero al mismo tiempo una dilución de los postulados ideológicos necesaria para garantizar esa convivencia que consiste, lo hemos comprobado en infinidad de casos, en una convivencia en la corrupción.

Por Fernando Suárez González, *"La Ponencia agradece mucho que en esa búsqueda de concordia se pueda entender que el sistema de representación se inspirará en criterios de representación proporcional"*. Este razonamiento implica que para que haya concordia ha de adoptarse el sistema proporcional.

El sistema mayoritario fue defendido claramente por tres procuradores, y entre estos hay que destacar a Cruz Martínez Esteruelas quien realizó una brillante intervención. Las otras dos intervenciones con fundadas argumentaciones a favor del sistema mayoritario fueron las de Montserrat Tey Planas y Torcuato Luca de Tena.

Creía Martínez Esteruelas que el sistema electoral no era una mera cuestión técnica sino un problema de "capital importancia". Porque los sistemas de elección afectan de manera muy diferente "a la composición de las Cámaras, al comportamiento de los partidos políticos y del mismo cuerpo electoral y, finalmente, al gobierno de la Nación". Su defensa del sistema mayoritario se basa en asegurar la estabilidad política y la acción eficaz y realista de gobierno. No debieron de caer muy bien sus palabras en la Ponencia y el Gobierno cuando dijo que *"de modo contumaz y con parcialidad evidente se ha tratado de crear un clima de opinión contra el sistema mayoritario, basado en dos afirmaciones: la primera es que la representación proporcional es un sistema más democrático porque podría asegurar una asamblea parlamentaria capaz de reflejar casi con exactitud matemática las más varias divisiones del electorado. La segunda afirmación consiste en responsabilizar al sistema mayoritario de producir una bipolarización en el cuadro de las fuerzas políticas existentes en el país. Las conclusiones que se quiere extraer de estas afirmaciones, tan profusamente aireadas, no resisten, señores, un análisis serio y objetivo"*. A continuación, desarrolló los argumentos en favor de su tesis, y su posición podría quedar resumida en las siguientes palabras: *"Con el sistema mayoritario se hace, pues, política de Estado y de gobierno; con la representación proporcional, se hace política de partido"*.

Siguió exponiendo los males del sistema proporcional: los pactos post electorales, *"es aquí donde se gesta un auténtico fraude democrático conseguido después de las elecciones, obedeciendo las consignas de los dirigentes de los partidos y siguiendo el juego de los intereses y las maniobras personales; es decir, obteniendo por la vía oblicua del pacto entre los partidos lo que no supieron o no pudieron conseguir de la voluntad expresa del pueblo"*; las listas de partido, *"que propician hasta el abuso el caciquismo de los prohombres de los partidos y el carácter burocrático y oligárquico de estos"*; la desproporcionada influencia de los grupos minoritarios, *"la capacidad decisoria y de maniobra que se otorga a los pequeños partidos, que pueden por sí solos adulterar con sus compromisos el resultado de las elecciones"*.

La lucidez intelectual de Martínez Esteruelas queda patente por la claridad de su razonamiento y por su capacidad de ver el porvenir: *"una vez instaurado, el sistema proporcional es de difícil sustitución, dado que sus beneficiarios cuentan definitivamente con los resortes de poder precisos para impedirlo"*. También recordó el pasado para ilustrar los males del sistema proporcional refiriéndose al fracaso de la República de Weimar.[6] La historia le dio la razón, hay que buscar en el

---

[6] Algunos autores encuentran la explicación del colapso de las democracias y el surgimiento de regímenes autoritarios o dictaduras más que en el diseño del sistema político en su tiempo de existencia. Aunque las democracias maduras experimentan graves crisis no colapsan dando lugar a regímenes autoritarios, por el contrario, la mayoría de los

sistema proporcional una de los males del sistema político español: incapacidad para formar gobierno necesitándose repetir las elecciones, influencia perniciosa en la política nacional de los grupos separatistas minoritarios, posibilidad de que partidos extremistas lleguen al gobierno con vocación de conquista del Estado y desarrollo de su proyecto totalitario, etc. Martínez Esteruelas defendió el sistema mayoritario porque creía que era una cuestión capital para la estabilidad política y un gobierno eficaz, pero pesó más, en aras de la concordia, su voluntad de contribuir a que la Ley para la Reforma Política saliera adelante y votó SI al Proyecto de Ley.

Como se ha dicho, el criterio del gobierno franquista que inició la reforma fue implantar el sistema mayoritario, pero el criterio cambió con el nuevo gobierno bajo la presidencia de Adolfo Suárez y se decantó por el sistema proporcional. Para justificar la adopción del sistema proporcional se dijo durante la Sesión que había que responder a las circunstancias sociales de España, al *aquí y ahora español*... Esos mismos términos se emplearon cuando se publicaron las normas electorales diciéndose en el Real Decreto-Ley 20/1977 de 18 de marzo: *"peculiares circunstancias españolas de hoy"* o *"atendiendo a las peculiaridades del aquí y ahora español"*. También el procurador y Ministro de Justicia, Landelino Lavilla, en su intervención durante la Sesión que debatía el Proyecto de Ley para la Reforma Política se apoyó en esa fórmula que parecía justificar toda decisión arbitraria: *"en el aquí y en el ahora concreto de nuestras circunstancias históricas"*.

El ministro explicaba: *"El Gobierno propuso los criterios de*

casos se producen en democracias relativamente nuevas que se enfrentan a grandes crisis. La república de Weimar había existido por menos de catorce años cuando los nazis tomaron el poder. Robert A. Dahl, *How Democratic Is the American Constitution?*

representación proporcional reflejados en el proyecto, en virtud, única y exclusivamente, de un compromiso con su propia responsabilidad; es decir, del compromiso de proceder en todo caso y momento responsablemente en función de las responsabilidades contraídas con el pueblo español, no en función de cualquier otro tipo de compromiso, cualesquiera que pudieran ser las insinuaciones que al respecto se hayan hecho". Al hacer un uso tan repetitivo del sustantivo responsabilidad, en singular y plural, y su adverbio, quiere comunicar que cualquiera que se oponga a esta decisión sería un irresponsable. Y, ¿qué responsabilidades se han contraído con el pueblo español? ¿Acaso el pueblo español ha demandado que el sistema electoral sea el proporcional? El compromiso era con los partidos de la oposición, meras insinuaciones según el ministro, pero es la explicación más razonable del cambio de criterio de los gobiernos franquistas que hacían la reforma.

El *aquí español* no era un lugar físico, no era España, es absurdo decir: "en la España española". Quienes decían "el aquí español" eran los hombres que estaban en el poder, el *aquí* era el Poder, que ahora tenía que ser compartido con los nuevos actores: los partidos. El *ahora* era la situación política, la inevitable transición hacia un sistema democrático que debían recorrer junto a una oposición formada por partidos que sólo admitirían un sistema parlamentario cuyos diputados fueran elegidos por el criterio proporcional. *"La oposición quiere desesperadamente representación proporcional, y esta es una concesión muy importante".*

La Constitución

El proceso político por el que nace la Constitución es el mismo que dio vida a las Leyes Fundamentales. Con la diferencia de que el poder constituyente se amplía con los partidos. En el preámbulo del Decreto-Ley 7/1974 de 21 de diciembre por el que se aprueba el Estatuto Jurídico del Derecho de Asociación Política se habla de *"proceso constituyente prolongado que ha permitido y seguirá permitiendo la apertura a los nuevos planteamientos que la sociedad requiera en cada momento, ofreció la norma constitucional de siete Leyes Fundamentales..."*. Este Decreto-Ley respondía al *espíritu del 12 de febrero.* En su discurso ante las Cortes en 1974, el presidente del Gobierno Carlos Arias Navarro decía que *"Si otra, y venturosamente distinta, es la sociedad a la que servimos, otros han de ser el talante y los modos con los que el poder ha de encarar sus exigencias. La más exacta y cabal manifestación de lealtad consiste en saber actualizar la vigencia de unos principios fundamentales permanentes, buscando su traducción exacta a las demandas de una sociedad cambiante. [...] Desde su momento originario, el Régimen manifestó una voluntad fundacional y constituyente. De no haber estado animado por ella, no hubiera sido posible superar las dificultades interiores y exteriores que jalonaron su itinerario. [...] Desde el 9 de marzo de 1938 hasta el 10 de enero de 1967, fechas de la respectiva promulgación del Fuero del Trabajo y de la Ley Orgánica del Estado, discurren casi treinta años. A lo largo de los cuales, en prudente acomodación al ritmo de las necesidades patrias, se fueron asentando las bases normativas del Estado".* Dos años más tarde, en su discurso ante las Cortes el 28 de enero de 1976, decía el presidente Arias: *"En los orígenes del sistema español que nacía indudablemente con afán de futuro y no como mera solución transitoria, se pusieron las bases para que el quehacer político consistiese siempre en una tarea perfectiva, abierta al horizonte que cada tiempo fuera descubriendo, dispuesta a incorporar las voces plurales de la patria, a la construcción de la convivencia nacional. Ese quehacer colectivo, ese afán renovador, tomó el nombre de Movimiento nacional, entendido, desde su propia fundación, como cauce participativo en el proyecto común y como pacto social básico".* Arias se refiere a las Leyes Fundamentales como *"una constitución abierta y dinámica, sólida en sus fundamentos y capaz de constante adaptación a las nuevas circunstancias y a las aspiraciones del pueblo español",* sigue diciendo: *"se comprenderá lo fácil que hubiera sido cometer errores, si se hubiera dado una orientación general y definitiva a nuestras formas políticas, tanto en los años cuarenta como en las décadas posteriores".*

Esta concepción de la constitución en reforma permanente, de un proceso *constituyente* prolongado, de una constitución abierta, sigue plenamente vigente hoy día cuando los jefes de los partidos, hasta los de los más nuevos, los llamados emergentes, como Ciudadanos, Podemos, etc., insisten en la necesidad de reformar la constitución para adaptarse a la *nueva realidad*, para garantizar con *suficiencia los derechos fundamentales*.[7] La evolución de lo ya existente es lo que define el proceso político que dio como fruto la Constitución de 1978 y el sistema político actual. El mismo franquismo se caracteriza por la evolución constante de sus leyes.

Por su origen la Constitución es en realidad una Ley Fundamental: la novena Ley Fundamental del régimen franquista. Puede resultar provocadora esta afirmación, pero si estudiamos las leyes que la hicieron posible veremos que es así.

Una reforma no puede originar algo nuevo, la esencia permanece. La ley en la que se basaron las Cortes salidas de las elecciones de junio de 1977 es la Ley para la Reforma Política, octava Ley Fundamental, que en su artículo tercero dice: *"Uno. La iniciativa de reforma constitucional corresponderá: a) al Gobierno b) al Congreso de Diputados"*.

Pero reformar no es crear.

Es conveniente repasar el significado de estas palabras.

Reformar, del latín *reformare*. *Volver a formar, rehacer. Modificar algo, por lo general, con la intención de mejorarlo*. Esto dice el diccionario de la RAE. Su significado etimológico: volver a su forma primitiva.

Sólo pueden modificarse los accidentes de ese *algo*, su esencia y naturaleza permanecen, es la estructura del edificio que

---

[7] Del programa de reforma constitucional del PSOE con Pedro Sánchez como Secretario General (2014-2016).

no cambia, se renueva la red eléctrica o de fontanería, se pintan las paredes y la fachada... Pero los cimientos y el edificio permanecen.

Decía muy acertadamente Arias Navarro en su discurso explicativo de la reforma política el 28 de abril de 1976: *"Sólo se reforma lo que se desea conservar; sólo se conserva lo que se estima. Continuidad y reforma son conceptos que se complementan, que se exigen recíprocamente. No hay reforma sin continuidad, ni sin reforma sería posible la continuidad".*

Crear, del latín *creare. Producir algo de la nada. Establecer, fundar, introducir por vez primera una cosa; hacerla nacer o darle vida.* La Constitución del 78 no nació de la nada puesto que fue fruto de una reforma, de un proceso "de la ley a la ley". No fue constituida.

Constituir, del latín *constituere, formar, componer, ser. Establecer, erigir, fundar.*

Si para hacer la Constitución de 1978 se basan en el artículo tres de la Ley para La Reforma Política, lo que hicieron las Cortes salidas de las elecciones de junio de 1977 fue una reforma de las Leyes Fundamentales del franquismo y queda claro en el Real Decreto 2635/1976 de 24 de noviembre por el que se somete a Referéndum de la Nación el Proyecto de Ley para la Reforma Política que dice:

"El artículo décimo de la Ley de Sucesión (de 1947) enumera las Leyes Fundamentales y dispone que 'para derogarlas o modificarlas será necesario, además del acuerdo de las Cortes, el Referéndum de la Nación'.

El apartado c) del artículo séptimo de la Ley Orgánica del Estado (de 1967) señala entre las facultades del Jefe del Estado la de 'someter a Referéndum de la Nación los Proyectos de Ley a que se refiere el párrafo segundo del artículo décimo de la Ley de Sucesión y el artículo primero de la Ley de Referéndum (de 1945)'

Acordado por las Cortes Españolas el Proyecto de Ley para la Reforma Política que les fue sometido por el Gobierno, previo dictamen del Consejo Nacional y por el que se modifican algunas de las Leyes que integran nuestro ordenamiento constitucional, vengo a disponer..."

Dice bien claro que la Ley para la Reforma Política modifica "algunas de las Leyes que integran nuestro ordenamiento constitucional". El ordenamiento constitucional son las Leyes Fundamentales del franquismo, la Ley para la Reforma modifica algunas de esas leyes, el artículo tercero de la Ley para la Reforma da la iniciativa de reforma constitucional al Gobierno y al Congreso de Diputados. Es decir: la Ley para la Reforma Política reforma el ordenamiento constitucional del franquismo y las Cortes salidas de las elecciones de junio del 77 vuelven a reformar ese ordenamiento constitucional resultando la Constitución del 78.

La Constitución de 1978 es una reforma del ordenamiento constitucional del franquismo. La Constitución de 1978 es la novena Ley Fundamental del franquismo. Es evidente cuando en la convocatoria para el referéndum del 6 de diciembre de 1978 para ratificar la Constitución, Real Decreto 2560/1978 de 3 de noviembre, se basa en la Ley para la Reforma Política: *"de acuerdo con lo que dispone el número tres del artículo tercero de la Ley para la Reforma Política"*, que dice: *"El Rey, antes de sancionar una Ley de Reforma Constitucional, deberá someter el Proyecto a referéndum de la Nación"*. La Constitución del 78 es una Ley de Reforma Constitucional, de reforma de la Constitución del franquismo: las Leyes Fundamentales.

El proceso legal que culmina en la Constitución de 1978 es: Ley de Referéndum de 1945, Ley de Sucesión en la Jefatura del Estado de 1947, Ley Orgánica del Estado de 1967, Ley para la Reforma Política de 1976, Constitución de 1978.

Cuando se presentó el proyecto de ley para la Reforma Política en las Cortes franquistas siendo aprobado el 18 de noviembre de 1976 por 425 votos a favor, 59 en contra y 13 abstenciones, en su defensa, como miembro de la Ponencia, decía el procurador Primo de Rivera y Urquijo el día 16: *"lo que se pretende es hacer una nueva Constitución basada en la legalidad de la Constitución vigente, hecho desconocido que se produce por primera vez en la Historia de España"*. Defendía esta solución como intermedia y la más razonable entre tres posturas posibles: inmovilismo, evolución o ruptura. Se consideraba que la reforma era evolución y la única vía posible y razonable, durante la Transición se justificará con diversos argumentos, como la única vía que evitará el caos, la revolución o el desorden de la ruptura por un lado o el ruido de sables de los inmovilistas, "el búnker", por el otro. Pero veremos que no había una base real para temer llegar a esos extremos y que se utilizaron más bien como una excusa para que la reforma se impusiera sobre la ruptura democrática, asegurando así el continuismo legal y la instauración de la Monarquía, puesto que la ruptura democrática en su planteamiento más completo exigía someter la forma de Estado y de Gobierno a una consulta popular.

La aprobación en Cortes del proyecto de ley para la Reforma Política es considerada por muchos como un acto de generosidad de los vencedores de la guerra que decidieron compartir el poder con los vencidos, con la oposición hasta entonces prohibida y poner término al franquismo en un acto suicida. Es lo que se ha llamado el "harakiri" de las Cortes. Y fue considerado así por la oposición entonces, los socialistas decían en noviembre de 1976 *"Hace sólo unos días, en las Cortes, se ha enterrado el franquismo".*[8] Pero siendo imposible la continuidad del franquismo sin Franco, siendo imposible resistirse a "las exigencias de los tiempos", ¿qué otra cosa iban a hacer? Los procuradores se debían al Jefe de un Estado autoritario. La Ponencia pidió el voto favorable al proyecto de ley para la Reforma Política "por lealtad al Rey". Fernando Suárez González, miembro de la Ponencia, en respuesta a Blas Piñar, dice: *"Justamente porque somos fieles al último mensaje del Caudillo tenemos que prestar al Rey de España idéntico apoyo y colaboración y no podemos ser obstáculo para que el Rey consulte a todo su pueblo el modo mejor y más seguro de perseverar en la unidad y en la paz".*[9] Y no es cierto que significara un suicidio o autoliquidación. El harakiri, o el suicidio, implica el fin de una existencia, aplicado a un régimen: el fin de una realidad política. Sólo si se hubieran derogado las Leyes Fundamentales previamente a la elaboración de una nueva constitución podría hablarse de suicidio de las Cortes o final del régimen. Pero lo que se pretendió fue "hacer una nueva Constitución basada en la legalidad de la Constitución vigente". La derogación de las Leyes Fundamentales es posterior a esa nueva constitución, forma parte de la nueva constitución como una disposición, gracias a las Leyes Fundamentales se llegó ahí.

Escribe Carl Schmitt en su Teoría Constitucional en el capí-

[8] El Socialista, n°75, 25 nov-10 dic., 1976
[9] Para los ultras la lealtad a la monarquía estaba supeditada a la conservación de los Principios del Movimiento, Fernández de la Vega y Sedano, en el debate sobre el proyecto de Ley del Derecho de Asociación Política los días 8 y 9 de junio de 1976 decía: *"no cabe servir a la monarquía de los españoles más que partiendo de las esencias ideológicas del Régimen".* Blas Piñar, para el que la monarquía de Juan Carlos terminó significando una traición al Régimen de Franco y a los juramentos hechos en la coronación puesto que se trocó la monarquía católica, tradicional, social y representativa por una monarquía liberal, se pronunciaba en su libro *¿Hacia la III República?* escrito en 1979 a favor de una república presidencialista, pero sobre las bases ideológicas de la dictadura: la democracia orgánica y los Principios del Movimiento.

tulo nueve, Legitimidad de una Constitución: "*II. La legitimidad de una constitución no significa que se origine de acuerdo a previas y válidas leyes constitucionales. Tal idea sería completamente absurda. Una constitución no nace generalmente de acuerdo a normas por encima de ella. Además, es inconcebible que una nueva constitución, en otras palabras, una nueva, fundamental decisión política, se subordine a una previa constitución y se haga dependiente de ella*".

La Constitución del 78 se ampara en el artículo tercero de la Ley para la Reforma Política y se subordina a lo que se dice en ella. Aunque la Constitución derogue todas las leyes fundamentales anteriores se ha subordinado a lo que estas han establecido: forma de Estado, forma de gobierno, sistema electoral proporcional... Y en ellas se ampara para legitimar su origen.

Referéndum de ratificación

Los españoles no tuvieron oportunidad de elegir la forma del Estado. Esto es una verdad incuestionable. Ninguna persona honesta puede admitir que el referéndum del 6 de diciembre de 1978 haya sido una elección entre diferentes opciones. De nuevo, es conveniente repasar el significado de las palabras:

Ratificar, del latín *ratus* (confirmado) y *facere* (hacer), según la Real Academia Española: *aprobar o confirmar actos, palabras o escritos dándolos por valederos y ciertos.*

Elegir, del latín *eligere: escoger, preferir a una persona o cosa para un fin.*

Escoger, del latín *ex* y *colligere, coger: tomar o elegir una o más cosas o personas entre otras.*

En el referéndum de 1978 los españoles no eligieron una o más cosas entre otras. No eligieron entre monarquía y república. Los españoles ratificaron, dieron su aprobación, a lo que la clase política les presentó como Constitución. Todo estaba ya incluido en ella, forma de Estado y de Gobierno, organización territorial del Estado y hasta el sistema electoral proporcional.

Todavía habrá quien insista en decir que los españoles eligieron en el referéndum de 1978. Es fácil poner en evidencia esa falsedad. Si se considera la hipótesis de una victoria del no, ¿cómo saber qué es lo que rechazaban los españoles? ¿Rechazaban la totalidad de la Constitución? ¿Rechazaban la forma de Estado o de Gobierno? ¿Rechazaban algún artículo en concreto? Es imposible saberlo porque el referéndum de 1978 no era una elección entre diferentes opciones sino un "paquete con todo incluido".

La legitimidad del referéndum de 1978 es la misma que la de los referendos del franquismo: el de 6 de julio de 1947 de ratificación de la Ley de Sucesión en la Jefatura del Estado y el del 14 de diciembre de 1966 de ratificación de la Ley Orgánica del Estado. Todos ellos se basan en primer lugar en la Ley Fundamental de Referéndum de 1945.

El referéndum del 6 de diciembre de 1978 se convoca apoyándose en el número tres del artículo tercero de la Ley para la Reforma Política que dice *"El Rey, antes de sancionar una Ley de Reforma Constitucional, deberá someter el Proyecto a referéndum de la Nación"*. Y el referéndum de la Ley para la Reforma Política se apoya en la Ley de Referéndum de 1945 y posteriores.

La Nación es la misma en 1947, en 1966, en 1976 y en 1978, fechas de celebración de los referendos mencionados. Una Nación subordinada al Estado. Formando parte del Estado y por tanto dejando de ser nación.

Dice la Ley de Referéndum de 1945: *"Abierta para todos los españoles su colaboración en las tareas del Estado a través de los organismos naturales, constituidos por la familia, el municipio y el sindicato..."*, el artículo siete de la Ley de Principios del Movimiento Nacional de 1958: *"El pueblo español, unido en un orden de Derecho, informado por los postulados de autoridad, libertad y servicio, constituye el Estado Nacional"* y el artículo uno de la Ley Constitutiva de las Cortes de 1942: *"Las Cortes son el órgano superior de participación del pueblo español en las tareas del Estado"*.

El pueblo es parte del Estado. Y esta concepción responde a la ideología fascista de integración de las masas en el Estado. Tampoco hay nación en los regímenes totalitarios comunistas, todo es Estado, la utópica fase superior del comunismo en la que ya no será necesaria la existencia del Estado nunca llega porque es eso, una utopía. La dictadura franquista no fue un régimen totalitario, existían algunos derechos civiles, se respetó la propiedad privada y la iniciativa empresarial privada. Fue un régimen autoritario. Se considera al Movimiento Nacional como partido único, aunque este es más bien un conglomerado de diversas tendencias sometidas a la autoridad de un dictador militar: falangistas, monárquicos, carlistas, Opus... El embajador Stabler, en un informe titulado *"Perspectiva general de las fuerzas políticas españolas"* dirigido al Departamento de Estado con fecha 4 de junio de 1975, dice: *"El único grupo político legal es el Movimiento Nacional, una institución estatal organizada en 1937 bajo el liderazgo de Franco para unir a las diversas fuerzas políticas que apoyaban a Franco y la causa nacionalista durante la Guerra Civil. El Movimiento Nacional, sin embargo, difiere considerablemente de la norma de los partidos únicos en otros regímenes autoritarios. No persigue la movilización de las bases. Ya no se exige estar acreditado por el Movimiento*

*para progresar en el sistema. Está cada vez más burocrati-
zado y es considerado en gran medida políticamente irrele-
vante por los españoles de dentro y fuera del sistema".*[10]

Si bien no es preciso definir la dictadura franquista como Estado fascista no hay duda de que esta ideología influyó en su
naturaleza y define muchas de sus características. Aun así, es
un error comparar a Franco con Mussolini o Hitler, a diferencia de estos, líderes de partidos con una ideología definida
que aspiraban desde un primer momento a la conquista del
poder y el Estado para imponer sus ideologías, Franco era un
militar que se sumó a una rebelión, respuesta reaccionaria a
una revolución social en marcha. El franquismo no fue un
movimiento totalitario como sí lo fueron el nazi o el bolchevi-
que. La dictadura totalitaria tiende a controlar todos los aspectos de la vida, a ejercer una dominación total sin que las
leyes vigentes puedan refrenar su actuación, despojar al individuo de todo derecho, convertirle en un autómata.

Y si no hay nación fuera del Estado, ¿cómo iba a pronun-
ciarse contra lo que propugna el Estado? La única respuesta
posible es de adhesión. Es una muestra de fuerza del poder
estatal y también de uniformidad de una sociedad que se reafirma en su adhesión a una ideología y servidumbre a un régimen.

La participación en el franquismo era obligatoria: *"Todos los
ciudadanos españoles mayores de veintiún años, sin distinción de sexo, estado o profesión, tienen el derecho y la obligación de tomar parte en la votación de referéndum".* (Decreto de 8 de junio de 1947, artículo tercero; Decreto
2913/1966 de 21 de noviembre, artículo tercero). Para el referéndum de la Ley para la Reforma Política el procedimiento

---

[10] Cable 1975MADRID03835_b

se regirá por el Real Decreto 2636/1976 de diecinueve de noviembre en el que se dice: *"Todos los ciudadanos españoles que hayan cumplido veintiún años el día de la votación y se encuentren en el pleno uso de sus derechos civiles, sin distinción de sexo, estado o profesión, tienen el derecho y el deber de tomar parte en la votación del Referéndum"*. Ya no es obligatorio, pero es un deber. El voto como deber y no como un derecho ha quedado establecido en España, la inscripción en un censo electoral se hace de manera automática y es obligatoria en lugar del registro voluntario cuando se quiere ejercer el derecho al voto, la participación en una mesa electoral es obligatoria bajo pena de multa o cárcel.

El referéndum puede servir como herramienta de una dictadura o de un régimen autoritario para legitimarse ante los gobernados. La idea del referéndum fue incluso previa a la elaboración de la Ley para la Reforma Política. El referéndum estaba considerado ya desde el gobierno de Arias Navarro como requisito indispensable para abordar cualquier reforma de las Leyes Fundamentales. Bajo su gobierno, ya se había diseñado los puntos esenciales de la reforma. En su discurso ante las Cortes de presentación del programa de gobierno el día 28 de enero de 1976 ya defiende un sistema bicameral y el asociacionismo (se evita decir partidos políticos), y tres meses después, en un discurso televisado explicando la reforma, el 28 de abril, decía: *"cuando se trate de la aprobación de textos que impliquen alguna modificación en instituciones representativas reguladas por nuestras Leyes Fundamentales, se acudirá al referéndum de la nación"*. En este discurso ya queda esbozada la reforma en sus líneas generales: legalización de las asociaciones políticas con exclusión del partido comunista; dos cámaras, Congreso y Senado, circunscripción provincial. El calendario también queda establecido, un referéndum para octubre de ratificación de la reforma que modifica las Leyes Fundamentales, convocatoria de elecciones generales antes de finalizar el año y celebración de las mismas en los primeros meses de 1977. Ese calendario se cumplió, aunque con una pequeña diferencia de fechas y ya bajo el gobierno de Adolfo Suárez.

A primeros de 1976 los ministros de Arias, José María de Areilza de Asuntos Exteriores y Manuel Fraga Iribarne, Vicepresidente para el Interior y Ministro de Gobernación, explican la reforma. Areilza inicia una gira europea con este fin. El 27 de febrero Fraga explica en una entrevista en televisión las propuestas de reforma que ya había descrito en entrevistas a la prensa extranjera. Dijo que se estaba preparando una nueva ley electoral y que él personalmente era partidario de un sistema similar al británico que favorecía la formación de mayorías en lugar de uno basado en un sistema proporcional, sugirió un sistema mayoritario de distrito uninominal. Pero el sistema mayoritario no era exactamente igual que el británico, el embajador Stabler comunica en un cable confidencial que una fuente que tiene conexiones con Fraga y Arias dice que nada ha sido decidido en la comisión mixta y que provisionalmente están pensando en una Cámara Alta corporativa y una dominante Cámara Baja elegida por sufragio universal pero de naturaleza corporativa: trescientos miembros elegidos por los ciudadanos en general, cien elegidos de los sindicatos y cien por los municipios.[11]

El sistema mayoritario de representación política que defendía Fraga fue un punto de grave desencuentro en las negociaciones con la oposición, decantada incondicionalmente por el

---

[11] Cable 1976MADRID01622_b

sistema proporcional, sistema preferido por los partidos capitaneados por el PSOE, y fue seguramente uno de los motivos que propició la interrupción de las negociaciones y la caída del gobierno de Arias.

Adolfo Suárez desatascó la situación en la que entró la reforma. Concedió el sistema proporcional a la oposición; publicó el Real Decreto-Ley 12/1977 de 8 de febrero sobre el derecho de asociación política, revisión parcial de la Ley 21/1976 de 14 de junio, donde ya no se decía que las asociaciones debían conformar su actuación a las Leyes Fundamentales; y legalizó el Partido Comunista, vetado hasta entonces. Siguió con el calendario establecido por el gobierno de Arias, aunque con alguna pequeña diferencia de fechas: referéndum de la Ley para la Reforma Política en diciembre de 1976 y elecciones generales en junio de 1977.

El referéndum era un paso indispensable para poder seguir avanzando en un proceso en el que todo estaba controlado y en el que la celebración de referendos, publicación de leyes o elecciones seguían un guión diseñado para llegar a un fin preestablecido. Sobre la cualidad del referéndum como herramienta política de un poder autoritario, resulta muy ilustrativo el cable de la embajada estadounidense del 22 de julio de 1976 que recoge la conversación mantenida entre el vicepresidente segundo del gobierno de Suárez, Alfonso Osorio y los miembros de la embajada: *"El gobierno estaba también reconsiderando lo que habría que preguntar a los votantes para que aprobaran en referéndum. Indicó que lo que finalmente se preguntaría en el referéndum podría ser algo entre los textos completos de las medidas de reforma o una proposición más general sobre reforma democrática a la que se le ha dado el nombre de 'referéndum prospectivo'. Una vez el gobierno hubiera recibido la aprobación en referéndum podría entonces proceder con una ley electoral en preparación para unas elecciones generales el próximo año"*.[12] Lo que se llamaba "referéndum prospectivo" era una consulta con preguntas de carácter general del estilo: ¿quiere usted un sistema democrático? ¿quiere usted sufragio universal? Preguntas diseñadas para que el sí fuera la única respuesta, porque la convocatoria de referendos se hacía para legitimar las decisiones del gobierno sin que el rechazo de la población se contemplara como una opción posible.

[12] Cable 1976MADRID05646_b

Ruido de sables

Durante la Transición se habló de "ruido de sables", de riesgo de guerra civil. Pero los militares que podrían "hacer ruido de sables" eran una minoría sin potencia para llevar a cabo cualquier movimiento armado, dice el embajador Wells Stabler en junio de 1975[13]: *"la mayoría de los militares más ambiciosos comparten la actitud apolítica de la clase media, leve interés en el cambio y falta de identificación fuerte con la ideología franquista. Cada vez más hay evidencia de que la generación de oficiales que dirigirán las fuerzas armadas los próximos diez años tiene una pragmática visión política y están a favor de una moderada evolución política hacia un modelo democrático europeo occidental"*. Aunque admite que: *"el ejército, sin embargo, se opondría a la aparición de fuerzas políticas claramente comprometidas con un separatismo regional o comunista, e intervendría en el proceso político si dicen que conduce a un desmoronamiento del orden*

---

[13] Cable 1975MADRID03835_b

público".

En otro cable confidencial, en noviembre de 1975, cuando el Príncipe Juan Carlos había asumido la Jefatura del Estado en funciones por el grave estado de salud del General Franco, se dice: *"El país permanece completamente tranquilo, pero existe un ambiente de gran expectación. Entre la generación nacida después de la Guerra Civil, y uno debe estar por encima de los cincuenta para recordarla, hay una gran esperanza y anhelo de ser parte de una nueva y democrática España que pueda, por fin, ocupar su lugar y ser reconocida como un país occidental con todas las de la ley. [...] Entre la generación más mayor también existe una gran expectación, pero como una profunda preocupación por lo que vendrá. Comparan el caos de la Guerra Civil con la próspera estabilidad final que Franco trajo. Muchos reconocen que España debe evolucionar políticamente, pero están preocupados por la extensión y el ritmo de esa evolución. Y un buen número de ellos son prisioneros de recuerdos que la mayoría de los españoles preferirían olvidar. A la derecha, estos ejercen una importante influencia a través de las organizaciones de los veteranos de la Guerra Civil. A la izquierda, viejas doctrinas incitan a hombres jóvenes que no se dan cuenta de lo mucho que tienen que perder. En cualquier caso, creo que el estado de ánimo dominante en esta coyuntura favorece un progreso evolutivo, cuidadosamente concebido, hacia una sociedad más abierta y democrática".* Un factor que aseguraba la estabilidad era la clase media que se consolidó en la última etapa de la dictadura, dice Stabler: *"Una ventaja es la existencia de una amplia clase media que quiere que su país sea parte del mundo democrático moderno pero que no quiere aventuras. Estos españoles no están pensando tanto en términos del horror de la Guerra Civil, aunque también se lo recordarán, como en términos de todo lo que pudiera privarles del estándar de vida al que se han acostumbrado".* Y también, como factor estabilizador, el propio ejército, *"mantenido dividido por la genialidad de Franco para prevenir el desarrollo de centros de poder independientes".* Pero que *"un alza en la confrontación política, o el desarrollo de problemas de orden público o económicos manejados inadecuadamente, podrían radicalizar a oficiales más jóvenes en un nacionalismo de estilo peruano o naseriano. Pero en estos momentos el ejército parece ser una fuerza estabilizadora".*[14]

Aunque el ruido de sables se utilizó como una excusa para explicar el abandono de la ruptura democrática en su planteamiento más completo no hay que desdeñar la posibilidad de alguna reacción por parte de los sectores ultras del ejército y fuerzas armadas, etc., ante la hipótesis de que se aplicara la ruptura con presencia de un legalizado partido comunista en el arco político. Porque significaba desobedecer la voluntad del Caudillo. Y era la voluntad de Franco instaurar la Monarquía y que su sucesor fuera Juan Carlos. Decía Arias en abril de 1976: *"La legitimidad de origen y la forma monárquica del Estado, así como encarnación de la Monarquía en la persona de Don Juan Carlos I, constituyen el núcleo vital y el punto de partida de esta nueva etapa de la vida nacional. Quedan fuera de nuestro universo político toda idea revolucionaria de ruptura y cualquier petición de apertura de un período constituyente".* Se cumplió la voluntad de Franco, pero se produjo una ruptura moral con los principios de la dictadura, tal vez mucho más insoportable para esos ultras que una ruptura política.

El argumento de que la reforma era la mejor vía para no provocar en los sectores ultras del franquismo una reacción que condujera a una situación política de inestabilidad y conflicto

[14] Cable 1975MADRID07687_b

no parece muy sólido puesto que para esos ultras la reforma era ya una ruptura. En efecto, La Ley para la Reforma Política significaba para ese sector del franquismo una ruptura con los principios doctrinales del Régimen del 18 de julio, su liquidación. Durante la Sesión en las Cortes que tendría que aprobar el Proyecto de Ley para la Reforma Política las intervenciones de los procuradores considerados ultras muestran ese convencimiento. Decía Blas Piñar: *"deseamos y queremos las reformas, pero no precisamente esta Reforma, porque esta Reforma, tal y como la quiere el Gobierno y tal y como la defiende la Ponencia, no es de verdad una Reforma, es una Ruptura, aunque la ruptura quiera perfilarse sin violencia y desde la legalidad [...] Y en este caso, lo importante es el fin que se pretende -la sustitución del Estado nacional por el Estado liberal, y la liquidación de la obra de Franco aunque los medios para lograrlo sean distintos"*. También el procurador José María Fernández de la Vega y Sedano creía que se quería poner fin a la obra de Franco: *"el Gobierno, en función del documento constitucional que nos ofrece, no intenta una reforma institucional, sino que, pura y simplemente, pretende acabar con el Régimen"*. Piñar y Fernández de la Vega defendieron su enmienda a la totalidad del Proyecto de Ley y votaron NO.

Motivo también para la indignación de los procuradores ultras era el carácter de urgencia que se le había dado a la tramitación de esta ley, en palabras de Blas Piñar: *"no llegamos a entender ... lo que se nos propone y que rechazamos, se quiera tramitar con urgencia y con trámite acelerado [...] Reformas que afectan tan profundamente al ordenamiento constitucional, que tienen tanta repercusión y alcance, no deben hacerse con la rapidez y premura que se exige [...] Con este método precipitado e incongruente se da la impresión:*

o bien de que el sistema recibido estaba profundamente ta-
rado, lo que no es verdad, pues ha funcionado a la perfección
en el momento difícil de ponerse en marcha el juego necesa-
rio, o bien de que presiones foráneas y fuerzas inconfesables
obligan a que el cambio se produzca de esta forma, lo cual
debe considerarse inadmisible". Y en palabras de José María
Fernández de la Vega: *"¡Y todo esto se hace en nombre de la*
urgencia, como si cuarenta años de pervivencia no justifica-
ran tres meses de estudio y discusión parlamentarios! En re-
sumen, me pregunto, y pregunto a SS.SS. ¿Quién confunde
prisa con la urgencia? Y sobre todo, ¿quién se beneficia de la
misma? [...] ¿Qué tormenta ideológica, que revolución sola-
pada, qué golpe de Estado se ha producido para que un año
después de que las Instituciones políticas españolas, en con-
junción plena de voluntades, entronizaran la continuidad,
estemos asistiendo a sus funerales con el 'corpore in sepulto'
del Régimen entre los cirios de este proyecto de ley?".
Cuando el Rey Juan Carlos prestó juramento de fidelidad a
las Leyes Fundamentales del Reino y lealtad a los Principios
del Movimiento Nacional el año anterior no tenía en mente
conservar incólumes las Leyes Fundamentales y los Principios del Régimen sino su desmantelamiento y el paso a una
democracia homologada. Unas semanas antes de la proclamación de Juan Carlos como nuevo Jefe del Estado, Stabler
escribe en un cable: *"Juan Carlos me ha dicho que es su in-*
tención aplicar, poco después de ser proclamado Rey, su
propia filosofía para colocar a España en el camino hacia la
democracia de modo que pueda jugar su papel entre las mo-
dernas sociedades democráticas del mundo".[15]

La urgencia en la tramitación de esta ley se explica si se sitúa
en el contexto del momento. Por fin el camino de la transición
a una democracia homologada parecía despejado. Don Juan

---

[15] Cable 1975MADRID07687_b

49

ya no entorpecería la sucesión de la jefatura del Estado y se resignaría a que su hijo fuese el titular de la Corona. Las negociaciones con la oposición eran fructíferas después de la concesión del sistema proporcional a los partidos. El elemento perturbador para el entendimiento entre la oposición y el Gobierno, García-Trevijano, había perdido su influencia política. El PSOE llevaba la voz cantante en la oposición y era secundado por el resto. Era el momento de aprovechar las circunstancias favorables, parecía coincidir con el análisis que el embajador Stabler había hecho hacía un año: *"El rey empezará teniendo en sus manos un número de cartas únicas en su género. Nunca podrán ser recogidas una vez jugadas y el momento justo para jugarlas pasará deprisa para nunca volver"*.[16]

¿Era el ruido de sables un peligro real o se exageró para ser utilizado por el Gobierno como una excusa para rechazar la ruptura y asegurar la Monarquía de Juan Carlos? De las siguientes intervenciones se infiere lo segundo, Blas Piñar: *"Pero prefiero una declaración, porque los seres en contradicción permanente no pueden sobrevivir. Vamos a preguntar al pueblo: ¿Quieres democracia orgánica o inorgánica? Pueblo de España, ¿quieres el Régimen de Franco continuándolo, perfeccionándolo, o quieres un régimen liberal, de sufragio universal, partidos políticos...? Y si el pueblo de España lo quiere, no se lo voy a escamotear. Si se quiere desde aquí o desde el Gobierno, este plebiscito, este refrendo o esta elección, iremos al pueblo de España a explicarle las consecuencias que se siguen de que adopte una u otra fórmula, pero con claridad, no presentando un proyecto de reforma de democracia inorgánica que ya ha prejuzgado la cuestión. Se plantea democracia orgánica o inorgánica, régimen de*

[16] Ib.

Franco o liberal, y si el pueblo dice: régimen liberal, entonces que unas Cortes Constituyentes, arrancadas del pueblo, de ese pueblo nuevo en el cual hasta ahora no hemos creído, de ese pueblo nuevo que va a votar por primera vez después de cuarenta años de túnel de oscuridad absoluta, vengan aquí a elaborar unos preceptos fundamentales y un nuevo orden político, pero emanado directamente de la voluntad popular y del sufragio universal. Esa es la única solución. Lo demás son componendas, pasteleos y ficciones. Yo prefiero un período constituyente abierto, con todas sus consecuencias, e ir a consultar al pueblo, que esta máscara estúpida de reforma democrática. Nada más". Recibió grandes aplausos. Partidario de consultar a los españoles era también Fernández de la Vega: "Lo que entiendo es que lo esencial y lo básico es clarificar. ¿Y cómo se clarifica? Pues lo ha dicho el señor Piñar con una nitidez que, desgraciadamente, a lo mejor aburro a SS.SS por reiterar, pero creo que puede ser útil si preguntamos al pueblo si lo que quiere es la continuidad, si lo que quiere es la transformación o si, por el contrario -tercera posición-, lo que quiere es la evolución dentro de la continuidad. Si el pueblo puede dar la respuesta a la pregunta a), b) o c), ya sabemos una cuestión". Otro procurador, Rafael Díaz-Llanos y Lecuona, aunque éste votó SI al proyecto de ley, decía: "A partir de la muerte del Caudillo, registramos, en primer término, un error: no haber consultado al pueblo mediante un plebiscito, la alternativa de si quería la continuidad con reforma o la ruptura. De haberse procedido de esta forma, se hubieran evitado una serie de críticas e inconvenientes y a estas horas tendríamos nuevas Cortes, absolutamente representativas".

Vemos pues que lo insufrible para los ultras era que la liquidación del régimen se hiciera por medios forzados y oblicuos, que la reforma se introdujera con calzador y maneras solapadas, la falta de claridad...

Los llamados ultras, es decir, los leales a los Principios del Movimiento Nacional, eran una minoría dentro del franquismo, llamados despectivamente inmovilistas, fueron marginados por la clase dirigente del régimen. Para ellos, la liquidación del Régimen del 18 de julio había empezado a producirse muchos años antes, muchos síntomas lo atestiguaban: el alejamiento de la Iglesia del poder político, acrecentado sin duda tras el Concilio Vaticano II[17]; el tratado de comercio con la URSS en 1972, con los comunistas, el enemigo natural del régimen; el abandono de las provincias españolas en África: Fernando Poo, Río Muni, Ifni, Sáhara, con estatus jurídico de provincias, con sus respectivos procuradores presentes en las Cortes, pero que fueron sometidas a la doctrina de descolonización de la ONU, dolorosa pérdida que se acentuaba en tanto que la colonia británica de Gibraltar permanecía bajo la soberanía del Reino Unido, país que

[17] La Iglesia se alejó del régimen franquista adoptando en la etapa final una posición incluso hostil al mismo. En los Estados modernos es normal la separación Iglesia-Estado, ese es el espíritu de la Constitución *Gaudium et spes* del Concilio Vaticano II, donde se dice *"La Iglesia, que por razón de su misión y de su competencia no se confunde en modo alguno con la comunidad política ni está ligada a sistema político alguno, es a la vez signo y salvaguardia del carácter trascendente de la persona humana. La comunidad política y la Iglesia son independientes y autónomas, cada una en su propio terreno."* En coherencia con esto no se tendría que haber hecho una mención especial a la Iglesia Católica en la Constitución de 1978: *"Los poderes públicos tendrán en cuenta las creencias religiosas de la sociedad española y mantendrán las consiguientes relaciones de cooperación con la Iglesia Católica y las demás confesiones".* En la Constitución de un sistema político donde exista y se acepte la separación Iglesia-Estado sólo se necesita hacer mención a la religión para declarar que el Estado no promoverá una religión en particular y que se garantiza la libertad religiosa. Con esta mención a la Iglesia Católica se le reconoce un privilegio. También se dice en *Gaudium et spes: "Ciertamente, las realidades temporales y las realidades sobrenaturales están estrechamente unidas entre sí, y la misma Iglesia se sirve de medios temporales en cuanto su propia misión lo exige. No pone, sin embargo, su esperanza en privilegios dados por el poder civil; más aún, renunciará al ejercicio de ciertos derechos legítimamente adquiridos tan pronto como conste que su uso puede empañar la pureza de su testimonio o las nuevas condiciones de vida exijan otra disposición".* ¿No empaña la pureza de su testimonio estar subvencionada por el Estado que permite el aborto, el matrimonio entre homosexuales, que promulga leyes de género, etc.; todo lo cual es radicalmente incompatible con la doctrina de la Iglesia?

no tenía ningún problema para desobedecer las resoluciones de la ONU; la reforma de Arias, la ley de asociaciones; la autorización o consentimiento del régimen para que se celebraran congresos y mítines de sindicatos y partidos todavía no legalizados, por ejemplo, mitin del PSUC en mayo de 1976 en Tarrasa o la celebración del XXX Congreso de UGT en abril de 1976 en Madrid y del XXVII Congreso del PSOE también en Madrid en diciembre de 1976 que contó con la presencia de dirigentes socialdemócratas europeos como François Mitterrand, Pietro Nenni, Willy Brandt, Olof Palme, Michael Foot, etc... La Ley para la Reforma Política fue la culminación de un proceso de apertura, para los ultras, de liquidación del Régimen. Un golpe de Estado desde el poder, escribía Blas Piñar en 1979.[18]

La oposición también utilizó la excusa del ruido de sables para justificar el abandono de la ruptura. Sin embargo, en un principio se decía que el peligro de una reacción del búnker no tenía fundamento y que era una excusa utilizada por el Gobierno para imponer su reforma, esta es la tesis mantenida en el editorial de Mundo Obrero del 2 de junio de 1976[19]: "*Por otro lado, la discusión en las Cortes[20] ha puesto de manifiesto el poder real del búnker. El búnker carece hoy de la fuerza mínima para impedir la democracia, para obstruir la implantación de las libertades políticas. Los reformistas que nos gobiernan han estado utilizando ante todo el país un supuesto peligro de golpe bunkeriano para presentarse como la única opción 'realista'. La gran aportación que ha dado al país el debate de las Cortes, al igual que la prohibición de la manifestación en la plaza de Oriente, es ésta: el búnker es,*

---

[18] Blas Piñar, *¿Hacia la III República?*, pág. 43
[19] Mundo Obrero, n° 22, junio, 1976
[20] Se refiere al Proyecto de ley sobre el derecho de reunión celebrado en Sesión en las Cortes el 25 de mayo, fue aprobado con 4 votos en contra y 25 abstenciones.

como certeramente ha expresado Tierno Galván, 'un elefante de papel'. El búnker tiene la existencia que quiera darle el gobierno; ni un ápice más". En numerosas declaraciones el PCE había restado importancia a una posible reacción del ejército, por ejemplo, Carrillo en 1972 decía: *"Cada vez va quedando más claro que el único sostén en que se apoya el régimen de Franco, Carrero Blanco y López Rodó, es la disciplina de las Fuerzas Armadas. Pero esa disciplina, ¿se mantendrá continuamente? ¿No se quebrará también, un día u otro? No hace falta ser profeta para predecir que esa disciplina, en lo que tiene de ciego y de mecánico, se quebrará igualmente; que llegará un momento en que el Ejército, o parte de él, dirá también: ¡Basta! Los militares no viven al margen de la sociedad, aunque el régimen se haya esforzado siempre en levantar barreras entre el pueblo y ellos de diversas formas y sobre todo procurando comprometerles directamente en la represión. [...] Es indudable que hay todavía militares ultras, que piensan como en el 36 y que sueñan con una nueva cruzada, como el tristemente célebre Pérez Viñeta; pero creo que cada vez gozan de menos prestigio en el Ejército. Y en último caso, en el Ejército están los soldados, hijos del pueblo, y si hay algún día jefes capaces de sacar al Ejército a la calle contra el pueblo, estos soldados sabrán contra quiénes tienen que volver sus armas".*[21] En abril de 1977, Mundo Obrero dedica un artículo a comentar unas declaraciones de Blas Piñar críticas hacia el ejército, en las que calificó a este como *"ejército vegetal y mudo, que no hace honor a su juramento".* En ese artículo, preguntan los comunistas a Blas Piñar por este ataque a las Fuerzas Armadas: *"¿No será que a Don Blas se le están rompiendo los esquemas acerca del papel de los militares en una sociedad democrática? ¿No será el despecho ante la actitud serena y*

[21] Mundo Obrero, nº 9, 1972

responsable de la mayoría del Ejército en el tránsito?".[22] Así pues, el partido comunista no creyó realmente en una posible reacción del ejército, durante años habían minimizado esa posibilidad. No fue sino en las últimas fases de la Transición, cuando su legalización parecía inminente cuando empieza a utilizar el argumento del ruido de sables para explicar el abandono de los puntos principales de la ruptura.

En el PSOE se comparte la tesis de que no era probable una reacción militar, esta es la conclusión del análisis sobre la situación del ejército titulado *"La misión del Ejército"* en las páginas de El Socialista en noviembre de 1975: *"Actualmente, no podemos jugar a ser profetas; es difícil precisar cual va a ser la actuación de las Fuerzas Armadas ante una ruptura democrática, especialmente si esta tiene lugar a corto plazo. Pero dado el cambio en la relación de fuerzas que se está produciendo, cabe suponer la muy posible neutralidad de aquellas ante dicha Ruptura".*[23] Felipe González afirmaba al embajador Stabler en octubre de 1975 que el ejército estaba en su mayor parte a favor de la democratización de España, sobre todo la formada por la oficialidad por debajo de los cuarenta y cinco años de edad.[24]

Cuando el PCE es legalizado el 9 de abril de 1977, la reacción que provoca en el ejército es la dimisión del ministro de Marina Pita da Veiga y un Comunicado del Consejo Superior del Ejército: *"La legalización del Partido Comunista ha producido una repulsa general en todas las unidades del Ejército. No obstante, en consideración a intereses nacionales de orden superior, admite disciplinadamente el hecho consumado. El Consejo considera debe informarse al Gobierno de que el Ejército, unánimemente unido, considera obligación*

[22] Mundo Obrero, n° 13, 1977
[23] El Socialista, n° 51, 1975
[24] Cable 1975MADRID07481_b

indeclinable defender la unidad de la Patria, su bandera, la integridad de las instituciones monárquicas y el buen nombre de las Fuerzas Armadas". No sentó nada bien en el Consejo Superior del Ejército la legalización del partido a pesar de que Suárez les había prometido en septiembre de 1976 que no sería legalizado.

Todavía en la actualidad, ante el cuestionamiento del proceso de Transición, sus protagonistas, sobre todo los pertenecientes entonces a la oposición clandestina, argumentan que se hizo lo que se pudo dadas las circunstancias del momento. Pero esto implica que las cosas no se hicieron como se deberían haber hecho, de lo que resulta que es de esperar que más adelante, o ahora, cuando ya no existen los peligros que se esgrimían entonces para justificar el abandono de la ruptura, se hagan como se tienen que hacer. Sin embargo, se dice a la vez que se consiguió lo que se quería: una democracia. Es un pensamiento contradictorio que evade la cuestión principal.

Círculo de violencia

La violencia terrorista comenzó su ascenso en los años de la Transición para aumentar brutalmente a partir de 1978 convirtiéndose durante más de dos décadas en un problema crónico de la democracia española. Desde 1974 a 1978 hubo 172 muertos por atentados terroristas. Escogemos este periodo por englobar los años en los que se produjeron los hechos fundamentales que hicieron posible y conformaron la democracia, a saber, la muerte del General Franco, la proclamación del príncipe Juan Carlos como rey y nuevo Jefe de Estado, la creación de los organismos unitarios de la oposición, la Ley para la Reforma Política y las Leyes de Asociaciones Políticas, las elecciones generales de 1977, la elaboración y la ratificación de la Constitución.

La mayoría de las víctimas por terrorismo son causadas por ETA, su actividad se recrudece a partir de 1978, sólo en ese año las víctimas de la banda terrorista superaron a la suma de los cuatro años anteriores.

Víctimas por terrorismo entre 1974 y 1978

Grupos terroristas	Número de víctimas
ETA	128
GRAPO	20
FRAP	4
Anarquistas	5
Ejército Popular Catalán	2
MPAIAC	1
Izquierda Radical Vasca	1
Movimiento Ibérico de Liberación	1
Comandos Autónomos Anticapitalistas	1
Extrema derecha	9

Elaboración propia con datos de la Fundación Víctimas del Terrorismo

A estas cifras hay que sumar varias decenas más de víctimas mortales causadas por la represión policial, un ejemplo que tuvo gran repercusión fueron las cinco víctimas mortales en los sucesos de Vitoria, cuando la policía disparó contra la multitud durante el desalojo de la iglesia en la que se habían encerrado. Y si retrocedemos a 1973, habría que añadir ocho víctimas más, seis causadas por ETA, incluido el magnicidio del Presidente Carrero Blanco, una por el FRAP y otra por el Movimiento Ibérico de Liberación.

Los grupos terroristas de extrema derecha tales como el Batallón Vasco Español, Grupos Armados Españoles, Guerrilleros de Cristo Rey, etc., actuaban en muchos casos con total impunidad o con la connivencia de la policía y la guardia civil. El embajador Stabler relata en un cable el ataque de un grupo de extrema derecha que dio una paliza a varios abogados de la oposición en noviembre de 1975, entre los que se encontraban Jaime Cortezo, segundo de Ruiz Giménez en Izquierda Democrática Cristiana, y García-Trevijano, además de unos periodistas venezolanos, reunidos todos ellos en el despacho de Manuel Muñoz Salvadores para una entrevista: *"Quizás lo más inquietante es que se piensa de manera generalizada que los cada vez más descarados 'Guerrilleros' y otros grupos de extrema derecha tienen vínculos con elementos de la policía. En cualquier caso, el ataque fue probablemente diseñado para provocar reacciones de la izquierda que contribuyan a un clima de miedo para intentar frenar la liberalización por el régimen sucesor"*.[25] Stabler comenta el clima de violencia en el País Vasco en mayo de 1975: *"Grupos justicieros de extrema derecha continúan hostigando a los partidarios de ETA o conocidos separatistas en las provincias vascas con ataques esporádicos contra las personas y propiedades, según se dice en algunos casos con la conformidad de la policía o incluso con una colaboración activa vestidos con ropa de civil"*.[26]

Que existieran elementos de las fuerzas de seguridad que actuaban descontroladamente era una realidad, así como que llegaran al punto de contrariar la política del Gobierno. La

[25] Cable 1975MADRID07833_b
[26] Cable 1975MADRID03573_b

asunción de los principios democráticos no se hizo de repente. En enero de 1976 fue la primera vez desde la Guerra Civil que un ministro del Gobierno condenaba actos violentos cometidos por grupos de extrema derecha, en relación a unos ataques a librerías y asociaciones de vecinos en Barcelona decía el ministro de Interior, Manuel Fraga: *"Condeno públicamente este ataque y he hado las órdenes correspondientes"*.[27] Esas declaraciones iban en la misma línea que las del Presidente Arias, cuando en una entrevista para la revista Newsweek respondía una pregunta que hacía referencia a los Guerrilleros de Cristo Rey: *"El Gobierno metería en cintura a todo grupo que cometiera actos terroristas"*.[28] A principios de 1976 se notó un cambio en la política del Gobierno en cuanto a la actuación policial, lo refleja un cable firmado por el ministro consejero de la embajada, Samuel D. Eaton: *"La actuación de la policía, desde que Fraga ha asumido el control del ministerio de Interior, es muy diferente a la práctica previa. Esto se percibe más en tres áreas: a) las detenciones de derechistas por actos terroristas, b) la relativa contención con que han manejado las manifestaciones, y c) la salida de la policía de las universidades"*.[29] Pero este cambio, que provocó descontento entre sectores conservadores y militares con el nuevo gobierno porque creían que lo que hacía falta era más mano dura, no impidió que se produjeran las víctimas durante los sucesos de Vitoria dos meses más tarde.

No es verosímil pensar que los vínculos policiales con grupos terroristas de la llamada extrema derecha se limitaran a elementos descontrolados dentro de las fuerzas armadas, sobre todo cuando estos grupos actuaban en el exterior, para lo cual es necesario una compleja y eficaz organización. La violencia

---

[27] Cable 1976MADRID00074_b
[28] Ib.
[29] Cable 1976MADRID00284_b

terrorista de extrema derecha se extendió a Francia, esto se debió a la poca colaboración francesa en la lucha antiterrorista, era la convicción del propio Gobierno: *"Desde el asesinato de Carrero Blanco el Gobierno de España cree que el Gobierno francés ha sido demasiado permisivo con los vascos que se refugian en Francia".*[30] Dice Stabler en otro cable: *"La derecha española, probablemente con la aprobación tácita del Gobierno, se ha involucrado hasta la fecha en modestas incursiones en territorio vasco francés diseñadas para recordar a los franceses que el problema vasco es también un problema de Francia".*[31] Con estas acciones se perseguía una respuesta del Gobierno francés y una mayor colaboración. Sobre la extensión de la violencia al país vecino dice Stabler en junio de 1975: *"Los recientes atentados con bomba y otras acciones en Francia que se atribuyen a la extrema derecha española han provocado la reacción del Gobierno francés [...] Se cree de manera general que estos atentados con bomba dirigidos contra miembros de ETA y simpatizantes vascos en el lado francés de la frontera han sido cometidos por los extremistas de derecha españoles 'Guerrilleros de Cristo Rey', organización que se cree tiene estrechas relaciones con elementos de la policía española. Esta misma organización es la que se cree responsable de la mayoría de los ataques contra personas y propiedades de sospechosos vascos y simpatizantes de ETA dentro del territorio vasco español desde que el Gobierno de España declaró el estado de excepción en dos provincias vascas el 25 de abril. De acuerdo con la prensa local, el Gobierno de Francia ha empezado a reaccionar ante esta actividad terrorista. El ministro de Interior Poniatowski visitó la prefectura de Bayona el 26 de mayo para investigar el intento de asesinato de un refugiado vasco por la derecha española o la policía. En la sesión de la*

[30] Cable 1975MADRID03356_b
[31] Cable 1975MADRID07102_b

Asamblea Nacional del 4 de junio Poniatowski, en respuesta a la pregunta sobre la situación vasca, dijo que 'he pedido a través de los canales diplomáticos que el Gobierno de España prohíba a sus agentes entrar en territorio francés'. El ministro dijo también que había dado órdenes para una vigilancia estricta de la frontera franco-española y la 'expulsión de refugiados vascos condenados por el uso de documentación falsa o por posesión de armas o explosivos...' Lamentó el hecho de que algunos expatriados españoles se refugien en Francia para preparar actos violentos en España. El ministro dijo en la televisión francesa el día 13 de junio que los extremistas eran responsables de los recientes actos terroristas en las provincias vascas".[32]

Es curioso que décadas después, recientemente, se justifique por muchos la existencia de los GAL utilizando los mismos argumentos de entonces, esto es, que Francia no colaboraba, que era un refugio para los terroristas. Hay una continuidad de este fenómeno. Los GAL operaron bajo los gobiernos del PSOE, pero no es preciso decir que los GAL son un terrorismo del PSOE, porque los GAL son en realidad terrorismo de Estado. Son las estructuras profundas del Estado las que realizan estas acciones, pueden cambiar los gobiernos, pero permanecen estables ciertas agendas, los gobiernos las toman y las hacen suyas. El PP combatió los GAL por interés de partido, con fines propagandísticos y electorales. Pero una vez llegado al poder, las promesas para aclarar el papel del Estado en esos actos terroristas se diluyeron. Hombres que habían estado en los gobiernos del PSOE cuando los GAL entraron a formar parte también del gobierno de Aznar. Si la actuación de la Justicia alcanzó a altos cargos del Gobierno y si los gobiernos posteriores renunciaron a practicar el terrorismo de

[32] Cable 1975MADRID04176_b

Estado se debió a la gran presión causada por los medios periodísticos y la alarma originada en la opinión pública. En lugar de una acción del Estado eficaz y contundente a nivel político, judicial y policial se optó por practicar una guerra sucia contra ETA, que recuerda más a los ajustes de cuentas entre mafiosos, delimitándose dos bandos que comparten una misma naturaleza, como si se reconociera que las causas del terrorismo están en la propia génesis del sistema político y esto impidiera atacarlo de frente sin complejos y con eficacia, como haría un verdadero Estado democrático que se defiende de los que quieren acabar con él. No sirvió para acabar contra el terrorismo, al contrario, se convirtió en un problema crónico que se extendió durante ¡más de cuarenta años! Y todavía no es posible afirmar que se haya cerrado de manera indubitable este episodio sangriento.

La violencia se alimentó a sí misma en un círculo vicioso. En referencia a la adopción del estado de excepción en las provincias vascas en abril de 1975 comenta Stabler: *"El efecto fue la estimulación de más terrorismo que a su vez generó actos de contra-terrorismo por los grupos de extrema derecha, supuestamente vinculados con la policía. El contra-terrorismo se expandió por primera vez a las provincias vascas en Francia".*[33]

Muy ilustrativamente dice el embajador: *"Hay una relación simbiótica entre los grupos de extrema izquierda del FRAP y ETA (separatistas vascos) y los matones de extrema derecha que han llevado a cabo medidas de contra-terrorismo en las provincias vascas y han estado involucrados en desagradables formas de intimidación en el resto de España. Ambos persiguen la continuación de un gobierno represivo -cada*

[33] Cable1975MADRID05164_b

uno por sus propias razones- y podemos esperar algún aten-
tado que mantenga el ciclo de la violencia".[34]

En efecto, la violencia terrorista tanto de un signo como de otro buscaba influir en el proceso político. Unos para evitar que se encaminara hacia las posiciones de ruptura democrática. Otros para justificar su existencia y luchar por sus objetivos revolucionarios o separatistas que, ante un régimen autoritario, parecían más legítimos. Y aunque sí influyó la violencia en el proceso político no lo puso en peligro. Por ejemplo, el asesinato del alcalde de Oyarzun el 24 de noviembre de 1975 por ETA motivó que el Decreto de indulto tras la proclamación de Juan Carlos como rey no fuese más amplio, y así los delitos de propaganda de sentido terrorista y la pertenencia a grupos prohibidos por la ley antiterrorista como eran los comunistas, anarquistas y separatistas, que en principio iban a ser indultados, fueron excluidos del indulto general.[35]

Pero el camino iniciado hacia una democracia homologada era imparable. Los hombres del régimen estaban determinados a recorrerlo. La violencia podía influir en el tempo del proceso, en la hora de la legalización de algunos partidos, pero no era probable que impidiera la transformación de la dictadura en una democracia.

[34] Cable 1975MADRID07687_b
[35] Cable 1975MADRID08340_b

Elaboración de la Constitución

La ideología no debe formar parte de una constitución. Plantear unas elecciones constituyentes para determinar la relación de fuerzas y hacer una constitución reflejo de la misma es un error. Es previsible que la relación de fuerzas cambie con el tiempo, en próximas elecciones, por lo que la Constitución ya no será del agrado de todos, será la Constitución de una parte, será fuente de conflicto. La Constitución de 1931 es un ejemplo de lo que no debe ser una constitución, aquella constitución que definía a la república como "república de trabajadores" era una constitución fuertemente ideologizada, socialista y anticlerical que abocó a los españoles a un conflicto inevitable. Pero una constitución no debe ser socialista o burguesa, anticlerical o católica, de izquierdas o de derechas. Una constitución sólo debe definir las reglas de juego que garanticen la libertad.

Las Cortes del 77 que desempeñaron el papel de constituyentes salieron de unas elecciones generales. Pero si hubieran sido el resultado de unas elecciones constituyentes eso no habría sido garantía de una mejor constitución, muy al contrario, a mi parecer. Porque las normas de participación electoral ya estaban establecidas por lo dispuesto en la Ley para la Reforma Política, se votarían listas de partido por el sistema proporcional. Los partidos habrían concurrido a las elecciones con sus propuestas de constitución. La constitución resultante habría sido el reflejo en teoría de la relación de fuerzas, eso habría causado mayor insatisfacción en algunos sectores de la población ante la nueva Constitución porque no se trataría de la Constitución que ellos querían. Los comunistas habrían querido una constitución comunista, los socialistas una socialista o socialdemócrata, los conservadores una conservadora. Y aunque pueden encontrarse elementos ideológicos en la Constitución actual y la constitución de la Ponencia se basó, al fin y al cabo, en la relación de fuerzas determinada por los resultados electorales, el consenso y el procedimiento informal de convertir las Cortes salidas de unas elecciones generales en constituyentes contribuyeron a neutralizar el conflicto ideológico y las posibles reacciones conflictivas derivadas de la insatisfacción de las masas ideologizadas. El consenso, entendido como un acuerdo entre unos pocos evitando la deliberación y la decisión de las mayorías por sufragio, implica relajamiento de los principios ideológicos defendidos, abandono o negación de los mismos, pero en un sistema partidocrático es lo que evita los choques ideológicos que conducen a la inestabilidad y el enfrentamiento civil, especialmente en España, donde las tensiones ideológicas que provocaron la guerra siguen existiendo, la Guerra Civil se sigue viviendo como un conflicto no resuelto.

Creer que una Constitución debe ser la consecuencia de una

relación de fuerzas es una convicción tradicional en los grupos de izquierda. Cuando los partidos se preparaban para las elecciones de junio de 1977, de las que todos daban por entendido que saldría una Constitución, aunque se tratara de elecciones generales, decía Sánchez Montero, del Comité Central del PCE: "*La elaboración y aprobación de la Constitución democrática, supondría consumar la política del Pacto para la libertad, propugnada por nuestro Partido desde hace varios años. Sería el fruto de la convergencia de las fuerzas de izquierda, de centro y de la derecha civilizada. Sólo deben quedar al margen los enemigos irreconciliables de la democracia: Alianza Popular, expresión política del continuismo franquista, los piñaristas y congéneres, y los 'azules' (léase franquistas) incluidos en las candidaturas del Centro Democrático*".[36] Crear Constituciones para que una parte importante de los españoles *queden al margen,* decidir quiénes son demócratas y quiénes no, es una invitación al conflicto, supone en realidad la negación de las libertades a una parte de la población, la negación de la democracia. Todavía hoy se insiste en esta aspiración por los políticos próximos al marxismo, definiéndose como comunistas o socialistas en las siglas de sus partidos o bajo nuevas siglas y nombres, de ideología socialista clásica o nuevas versiones más exóticas.

En la Constitución de 1978 no se definen simplemente las reglas de juego, la ideología está presente. Es verdad que el consenso sirve de neutralizador de conflictos ideológicos porque sustituye las diferentes ideologías por una sola, la socialdemocracia. En la Constitución de 1978 hay ideología y demagogia, cuando habla de "derecho a una vivienda digna" o "derecho al trabajo" como si se tratara del programa electoral de un partido. Incluso se reconocen derechos a territorios

---

[36] Mundo Obrero, n° 22, 1977

cuando sólo las personas pueden ser titulares de derechos, no los territorios. También aquí puede verse la continuidad respecto al régimen anterior, el artículo 35 de la Constitución que dice: *"Todos los españoles tienen el deber de trabajar y el derecho al trabajo"* está redactado casi en los mismos términos que el artículo 24 del Fuero de los Españoles: *"Todos los españoles tienen derecho al trabajo y el deber de ocuparse en alguna actividad socialmente útil"*.

La Comisión Constitucional estaba compuesta por: Miguel Herrero Rodríguez de Miñón, J. Pedro Pérez-Llorca y Gabriel Cisneros, de UCD; Gregorio Peces-Barba, del Grupo Socialista; Miguel Roca Junyent, de la Minoría Catalana; Jordi Solé Tura, del Grupo Comunista y Manuel Fraga Iribarne, de Alianza Popular.

Nada más constituirse en agosto de 1977, la Ponencia Constitucional acordó dar carácter reservado a los trabajos de la misma. Durante los meses siguientes la ponencia facilitó a la prensa los temas que se iban tratando y los títulos y artículos que se iban aprobando, pero no la redacción de los mismos que se mantuvo confidencial. La publicación del borrador de la Constitución a finales de noviembre en el semanario "Cuadernos para el Diálogo" de Pedro Altares provocó la indignación general entre los miembros de la Ponencia. El borrador era ya conocido por gran parte de la clase política y personalidades fuera de los partidos, lo que provocó el escándalo fue su publicación en la prensa, que se hiciera público.

En la elaboración de la Constitución no podía cuestionarse la forma de Estado que ya estaba establecida por el ordenamiento constitucional del franquismo y había sido aceptada por todos los partidos sin excepción. Todos los partidos aceptaron la reforma del gobierno y las reglas de juego de participación política. Las enmiendas presentadas por algunos grupos minoritarios proponiendo la modificación: *"sustituir la palabra Rey por Presidente de la República"* sólo añadían la nota cómica a aquel proceso.

Legalmente, lo que estaba haciendo la Ponencia era una reforma del ordenamiento constitucional del franquismo como dice el artículo tercero de la Ley para la Reforma Política en la que, junto a la forma de Estado establecida, Monarquía, se configura la forma de gobierno, partidocracia.

Se dirá que no es así, que la Constitución dice claro en su artículo tres que la forma política del Estado español es la Monarquía parlamentaria. Pero esto no es correcto. Son características del parlamento la representación política: el diputado elegido en un distrito uninominal que hace posible una relación entre el elector y el elegido; y la discusión y deliberación de las leyes. Esto es imposible en un sistema de listas de partido proporcional como el español. No hay representación política ni las leyes se discuten y deliberan en el proceso de su elaboración. La postura del diputado está determinada por la disciplina de partido a pesar de que la Constitución prohíbe el mandato imperativo en su artículo sesenta y siete. La confección y deliberación de las leyes se produce fuera del parlamento; en este, lo único que se hace es el anuncio de la nueva ley y la votación que la aprueba sólo es un mero trámite. Ejemplo histórico y modelo de Monarquía parlamentaria es la inglesa.[37]

---

[37] La monarquía española es parlamentaria si se engloba dentro de la categoría de los parlamentos de la Europa continental. El parlamento de diputados elegidos por listas de partido, más frecuente en los países de la Europa continental, queda diferenciado del parlamento de diputados elegidos por un sistema mayoritario en distritos uninominales, el propio del Reino Unido. Aunque algunos países europeos pueden presentar formas mixtas es la forma proporcional en ellos la predominante, no es el caso de Francia, con sistema mayoritario.

Los partidos, sindicatos, patronal... son subvencionados por el Estado, son órganos del Estado y funcionan como tales. Los impuestos de un ciudadano financian indiscriminadamente tanto al partido de su preferencia como al más contrario a sus principios o ideología. Y en el caso de que el ciudadano no se sienta representado por un partido o identificado con alguno, o en el caso de que no crea en el sistema partidocrático, parte de sus impuestos se destinarán de todas formas a financiar a los partidos.

Los partidos son mencionados y reconocidos en la Constitución como instrumento fundamental para la participación política en su artículo seis. Los nuevos partidos, por muy jóvenes que sean, esos que son llamados "emergentes", como Ciudadanos, Podemos, etc., adquieren la naturaleza estatal, pasan a formar parte de *la estructura del propio Estado* -así son definidos los partidos en el preámbulo de la Ley Orgánica 3/2015 de 30 de marzo-, sus integrantes pasan a formar parte de la clase política. En la partidocracia, los partidos se ven inclinados a unirse, sin distinción de siglas, para defender sus privilegios políticos frente a los derechos de los electores a los que dicen representar y frente a los principios que dicen defender. La constitución es la que la clase política se otorga a sí misma junto con los privilegios de inviolabilidad, inmunidad y la no responsabilidad para el Jefe del Estado.

Siendo el partido por naturaleza estructura del propio Estado todo gira alrededor del mismo. En contraste con los partidos de Estados Unidos, muy heterogéneos y descentralizados, los partidos europeos de los sistemas partidocráticos son en extremo centralizados y homogéneos.[38] La ley de hierro de las oligarquías que Robert Michels describió en los partidos

---

[38] William Kornhauser, en su libro *Aspectos políticos de la sociedad de masas*, pág. 78, se refiere en particular a los partidos socialistas, muy centralizados y clasistas, y a los partidos con una base católica.

socialistas actúa y se manifiesta de manera evidente. Si la actividad política de una sociedad gira alrededor de los partidos, dentro de ellos todo gira alrededor del jefe de partido y de la oligarquía que lo acompaña. Aunque Michels definió la ley de hierro aplicándola a los partidos reconoce que se trata de una ley que actúa en toda organización humana que persigue el logro de determinados fines, *quien dice organización dice oligarquía.*

En las partidocracias el comportamiento de los partidos estatales se asemeja al de pequeñas dictaduras de partido único. Funciona entonces el sistema partidocrático como una dictadura a turnos consensuada. Como la partidocracia española se caracteriza por una corrupción desmedida, cuando un partido llega al poder inaugura su turno para la corrupción: turno para prevaricar, turno para el nepotismo y el enchufismo, para el tráfico de influencias, para el enriquecimiento con fondos públicos, etc. Puesto que los partidos son órganos del Estado, los límites entre partido y Administración pueden resultar difusos. Los cargos directivos de un hospital o de una universidad por ejemplo no son elegidos en función de su capacidad personal y competencia profesional, sino que se antepone y prevalece la afinidad ideológica o pertenencia al partido, o simplemente encajan a la perfección dentro del paradigma del consenso partidocrático o de la ideología socialdemócrata. La exageración popular de que si no se tiene determinado carnet de partido no se trabaja en tal ayuntamiento no es una exageración en absoluto. Puede haber un reparto de cargos y de poder, un perdón de las corrupciones del otro con la condición de que sea recíproco, el sistema partidocrático se comporta entonces como una coalición de pequeñas dictaduras de partido único unidas bajo el consenso, que en realidad funcionan como facciones de un único partido de ideología socialdemócrata.

La constitución dice que los jueces son independientes, pero sin embargo establece que los órganos de gobierno de la Justicia sean elegidos por el poder político, el Gobierno y el Congreso, es decir, los partidos. ¿Puede un ciudadano anónimo que litiga contra una Administración del Estado -lo que supone que detrás de esa Administración hay un partido o varios, a cualquier nivel, ya sea municipal, autonómico, etc.,- confiar en la Justicia y esperar que un juez sea verdaderamente independiente cuando sus superiores deben su puesto a los partidos?

Llegados a este punto, cabe plantearse: si no hubo periodo constituyente, ni elecciones constituyentes, ni, por tanto, en rigor, Cortes constituyentes, ¿puede considerarse que la Constitución es democráticamente legítima? A mi parecer, el padre de la Teoría Constitucional, Carl Schmitt, respondería afirmativamente a esta cuestión. Schmitt distingue entre constitución y ley constitucional. Considera que la esencia de la constitución no está contenida en una ley o norma, dice: *"previamente al establecimiento de cualquier norma, hay una fundamental decisión política por el portador del poder constituyente. En una democracia, más específicamente, esta es una decisión tomada por el pueblo".* La mayoría del pueblo español, la amplia clase media, quería avances hacia una democracia homologada a la de los países occidentales. Sin duda alguna el régimen tenía el poder para influir en la opinión pública y establecer las condiciones más favorables para que el proceso político discurriera por donde se tenía previsto y no se desviara hacia las posiciones de la ruptura democrática. Pero lo cierto es que el pueblo español no se opuso a la reforma, no quería ruptura. El referéndum de ratificación de la Ley para la Reforma Política fue aprobado por una mayoría evidente. Eso suponía aceptar las bases del futuro sistema político, era una manifestación de la decisión fundamental política. Dice Schmitt que la voluntad del pueblo se expresa con un sí o un no, pero un referéndum o plebiscito no es la única forma en que puede ser manifestada esta voluntad. La ausencia de un no presupone la aceptación de una constitución, una voluntad no manifestada por cualquier forma es un consentimiento a la constitución existente. En 1918 el pueblo alemán rechazó el principio monárquico y eso fue evidencia de que significaba república. El pueblo español no manifestó su no a la monarquía. La ratificación del referéndum de la Ley para la Reforma Política vino a constatar la ausencia de un no. Tras casi cuarenta años de democracia en España la ausencia de un no sigue siendo la manifestación de la voluntad de la mayoría de los españoles.

Para Schmitt no hay una sola vía por la que el poder constituyente se formula y ejerce: *"La convocatoria de una Asamblea Nacional Constituyente no es en absoluto el único procedimiento democrático imaginable"*. La Asamblea Nacional que redactó la Constitución de Weimar había sido elegida por el pueblo alemán democráticamente, no se ratificó la Constitución por el pueblo porque se entendía que daba su consentimiento por medio de la elección de la Asamblea y que esta era expresión de su voluntad. Las Cortes de 1977 fueron elegidas por un procedimiento democrático, se daba por entendido de manera general que una de las tareas de las nuevas Cortes sería elaborar una Constitución. Al fin y al cabo, se seguía el guión de la Ley para la Reforma que decía que el Congreso y el Gobierno tendrían la iniciativa de reforma constitucional. Dice Schmitt: *"La voluntad constituyente del pueblo no está atada a ningún proceso en particular. Aunque la práctica actual de las constituciones democráticas ha dado lugar a ciertos métodos, ya sea la elección de una*

asamblea constituyente o el voto popular. Con frecuencia es-
tos métodos van ligados con la idea de legitimidad democrá-
tica, así se inserta cierto proceso en el concepto de legitimi-
dad; y se declara como verdaderamente democráticas
aquellas constituciones que han obtenido el consentimiento
de una mayoría de ciudadanos con derecho a voto por su-
fragio secreto". El sistema político español fue ratificado en
el referéndum de 1978, uno de los métodos por los que, según
Schmitt, una constitución puede ser legitimada democráticamente.

Termina Schmitt el capítulo sobre la Legitimidad de una
Constitución diciendo: *"De esta manera, por tanto, el carác-*
ter de legitimidad democrática puede ser atribuido a las más
diversas constituciones al estar basado en el pueblo siempre
presente, poder constituyente activo, incluso si ese poder es
también solo tácito".

Ruptura

La Junta Democrática de España

La oposición al franquismo se organizó en diversos movimientos o plataformas para alcanzar la democracia rompiendo con la legalidad del régimen mediante lo que se llamó la "ruptura democrática".

De estos movimientos el primero que se presentó fue la Junta Democrática. Lo hizo el 30 de Julio de 1974 en París.

Estos son los puntos que propugnaba:

1. La formación de un Gobierno provisional que sustituya al actual, para devolver al hombre y a la mujer españoles, mayores de dieciocho años, su plena ciudadanía mediante el reconocimiento legal de todas las libertades, derechos y deberes democráticos.

2. La amnistía absoluta de todas las responsabilidades por hechos de naturaleza política, y la liberación inmediata de todos los detenidos por razones políticas o sindicales.

3. La legalización de los partidos políticos, sin exclusiones.

4. La libertad sindical, y la restitución al movimiento obrero del patrimonio del Sindicato Vertical.

5. Los derechos de huelga, de reunión y de manifestación pacífica.

6. La libertad de prensa, de radio, de opinión, de información objetiva en los medios de comunicación social, especialmente en la televisión.

7. La independencia y la unidad jurisdiccional de la función judicial.

8. La neutralidad política y la profesionalidad, exclusivamente militar para la defensa exterior, de las fuerzas armadas.

9. El reconocimiento, bajo la unidad del Estado español, de la personalidad política de los pueblos catalán, vasco, gallego, y de las comunidades regionales, que lo decidan democráticamente.

10. La separación de la Iglesia y del Estado.

11. La celebración de una consulta popular, entre los doce y los dieciocho meses -contados desde el día de la restauración de las libertades democráticas-, con todas las garantías de libertad, igualdad de oportunidades e imparcialidad, para elegir la forma definitiva del Estado.

12. La integración de España en las Comunidades europeas, el respeto a los acuerdos internacionales, y el reconocimiento del principio de la coexistencia pacífica internacional.

La Junta estaba compuesta por varios partidos y personas

independientes. Destaca sin duda la presencia del Partido Comunista, pero es un error atribuir a la Junta Democrática el estar manipulada por el Partido Comunista como creyeron las autoridades estadounidenses de manera simplista. Entre sus componentes figuraban: independientes, PCE, PSUC, Comisiones Obreras, Alianza Socialista de Andalucía, Partido Socialista Popular de Enrique Tierno Galván, Carlistas (terminaron abandonándola), otros grupos menores.

La Junta democrática no era un movimiento ideológico. Aspiraba a un periodo constituyente. No es cierto que estuviera manipulada por el Partido Comunista. Dentro de la Junta destaca sin duda un independiente, el abogado granadino Antonio García-Trevijano Forte, "sin identificación política conocida" se dice en un cable de la embajada.[39] Aunque un año más tarde Stabler lo describe como "independiente izquierdista".[40]

En lo que sí parecen acertar los estadounidenses es en el beneficio que para el Partido Comunista suponía pertenecer a la Junta, su presentación en sociedad: *"1) proporciona al PCE la larga y buscada respetabilidad y una imagen de moderación por su asociación con grupos relativamente moderados e individuos 2) gracias a la presencia en la Junta de varias figuras relevantes procedentes de círculos capitalistas españoles el PCE podría considerar que se gana la confianza de importantes sectores de la derecha en España con los que el PCE considera tendrá que tratar en la situación post-Franco".*[41]

[39] Cable 1975MADRID07833_b
[40] Cable 1976MADRID09549_b
[41] Cable 1974MADRID06644_b

Don Juan

El origen de la Junta Democrática está en el fracaso del primer intento rupturista diseñado por García-Trevijano. Este había sido miembro del Consejo Privado de Don Juan de Borbón, otros miembros del Consejo, como Rafael Calvo Serer o Joaquín Díaz de Aguilar participarían como independientes junto con García-Trevijano en la Junta. Tras el asesinato del Presidente Carrero Blanco, García-Trevijano propuso a Don Juan encabezar como Jefe de Estado un gobierno provisional a la muerte de Franco que gobernara durante el periodo constituyente, con restablecimiento de las libertades y celebración de una consulta popular que determinara la forma de Estado. Diseñó un plan político para Don Juan que debía culminar con unas declaraciones el 24 junio de 1974 desde su residencia en Estoril planteando la estrategia de la ruptura democrática creada por García-Trevijano en forma de entrevista al periódico Le Monde, pero finalmente el Conde de Barcelona se echó atrás y no quiso hacer las declaraciones. García-Trevijano transformó aquellas declaraciones en los puntos programáticos de la Junta Democrática que fueron presentados públicamente el 30 de julio en París por Rafael Calvo Serer y Santiago Carrillo.

La aspiración de Don Juan de convertirse en rey de España sorprendió y causó irritación en el régimen y polémica general, también colocó en una situación embarazosa a su hijo el Príncipe Juan Carlos. El tema de la sucesión en la Jefatura del Estado parecía zanjado cuando Don Juan envió a su hijo a España en 1948 tras la publicación de la Ley de Sucesión, ley que le impediría reinar alguna vez a él puesto que requería que el rey jurara las Leyes Fundamentales y lealtad a los Principios del Movimiento Nacional. Y ya había dejado clara su oposición al régimen de Franco en el Manifiesto de Lausana de marzo de 1945, un régimen *"inspirado desde el principio* en los sistemas totalitarios de las potencias del Eje, tan contrario al carácter y a la tradición de nuestro pueblo", en el que requería al General Franco que abandonara el poder y diera paso libre a la restauración de la Monarquía; y su oposición a la misma Ley de Sucesión cuando se estaba elaborando que hizo pública en su Manifiesto de Estoril de abril de 1947: "Los principios que rigen la sucesión a la Corona, y que son uno de los elementos básicos de la legalidad en que la Monarquía Tradicional se asienta, no pueden ser modificados sin la actuación conjunta del Rey y de la Nación legítimamente representada en Cortes. Lo que ahora se quiere hacer carece de ambos concursos esenciales, pues ni el titular de la Corona interviene, ni puede decirse que encarne la voluntad de la Nación el organismo que, con el nombre de Cortes, no pasa de ser una mera creación gubernativa. La Ley de Sucesión que naciera en condiciones tales adolecería de un vicio substancial de nulidad". Vuelve a insistir en la necesidad de que Franco ceda el poder: "Tanto o más grave es la cuestión de fondo que el citado proyecto plantea. Sin tener en cuenta la necesidad apremiante que España siente de contar con instituciones estables, sin querer advertir que lo que el país desea es salir cuanto antes de una interinidad cada día más peligrosa, sin comprender que la hostilidad de que la Patria se ve rodeada en el mundo nace en máxima parte de la presencia del General Franco en la Jefatura del Estado, lo que ahora se pretende es pura y simplemente convertir en vitalicia esa dictadura personal, convalidar unos títulos según parece hasta ahora precarios, y disfrazar con el manto glorioso de la Monarquía un régimen de puro arbitrio gubernativo, la necesidad del cual hace ya mucho tiempo que no existe". Son declaraciones claras contra Franco y el régimen, por eso cuesta entender que enviara a su hijo a España al poco de ser publicada la Ley de Sucesión que consideraba nula para ser educado en los principios de un régimen "inspirado en los sistemas totalitarios de las potencias del Eje" y bajo la tutela de un Jefe de Estado al que consideraba "un interino" cuya permanencia en el poder suponía un riesgo y un peligro para España. Con su decisión parecía acatar que sería su hijo el que un día sucediera a Franco puesto que él jamás juraría las Leyes Fundamentales y lealtad a los Principios del Movimiento Nacional.

Don Juan se caracterizó por una conducta inconstante, contradictoria e incoherente. A finales de los años sesenta y desde 1974 a 1976 volvió a reclamar la corona, al fin y al cabo, seguía siendo su titular. Fueron años de lucha interior para decidirse entre aspirar a la corona o desistir en favor de su hijo, nombrado sucesor por Franco, aunque eso significara romper el orden dinástico y aceptar la instauración de la monarquía por el dictador que tanto había criticado con el fin de no poner en riesgo la institución. Dudó entre seguir las recomendaciones de sus antiguos consejeros, García-Trevijano o Rafael Calvo Serer, que creían que la legitimidad de la monarquía debía darla la nación española mediante la libre elección en un referéndum sobre la forma del Estado, o las recomendaciones de otros consejeros como Pedro Sainz Rodríguez o José María Pemán, que pedían al Conde de Barcelona que desistiera de hacer las declaraciones rupturistas y abandonara la estrategia política de García-Trevijano porque decían que eso sería el fin de la monarquía. Finalmente, Don Juan hizo caso a estos últimos y no hizo las declaraciones.

Los monárquicos fieles a Don Juan estaban dispuestos a aceptar a su hijo como rey, saltándose el orden dinástico, con tal de que la Monarquía fuese otra vez la forma del Estado español. Los franquistas que lideraron la reforma cumplirían la voluntad de Franco de instaurar la Monarquía en la persona de Juan Carlos, su sucesor a título de rey, el nuevo Jefe del Estado. Ni unos ni otros querían someter la forma de Estado a una consulta popular, ni unos ni otros querían arriesgarse a que los españoles eligieran una República. A primeros de 1974 advertían a Don Juan en las páginas de El Alcázar: *"El Conde de Barcelona parece no haberse percatado de algunas realidades bastante simples y enterizas. En España apenas si hay unos pocos 'monárquicos tradicionales', a quienes conservamos como oro en paño, cuidándolos con extrema delicadeza para que no se constipen, pues dada la rareza del espécimen, no es cosa que la polución política arramble con sus últimos vestigios"*. El Régimen no iba a permitir que ocurriera lo mismo que en Grecia cuando tras la caída de la Junta de los Coroneles los griegos eligen la República como forma de Estado en el referéndum de diciembre. El Ministro Consejero de la embajada estadounidense Samuel D. Eaton analiza el impacto del referéndum griego sobre el futuro de la monarquía en España, menciona la defensa que Don Juan y la Junta Democrática han hecho de un referéndum sobre la monarquía tras la muerte de Franco y escribe: *"un influyente procurador en Cortes dijo que el resultado del referéndum griego era un mal presagio, sobre todo porque la monarquía no tiene una base popular en España (esta es una visión ampliamente sostenida por los españoles políticamente conscientes). Añadió que 'nosotros nunca podríamos tener un referéndum en España porque terminaría siendo un referéndum sobre el propio sistema'"*.[42] No iban a dejar que los españoles eligieran libremente la forma del Estado. El objetivo de la reforma fue consolidar la Monarquía de Juan Carlos y el poder de una oligarquía compuesta por los hombres del régimen y los incorporados, los partidos.

Así pues, Don Juan se echó atrás y no quiso hacer las declaraciones preparadas por García-Trevijano al periódico Le

[42] Cable 1974MADRID07781_b

Monde en junio de 1974. El abogado granadino las transformó en los puntos programáticos de la Junta Democrática que fueron presentados a la prensa internacional al mes siguiente en París por Rafael Calvo Serer y Santiago Carrillo.

Nada más conocerse la presentación de la Junta Democrática, Don Juan pidió insistentemente hablar con el Encargado de Negocios de la embajada estadounidense en Portugal, como estaba ausente lo hizo con un Consejero de la embajada. El propósito de su entrevista era dejar dos cosas claras al gobierno estadounidense: 1) cuando Juan Carlos se convierta en el Jefe del Estado, no tomará ninguna acción sobre la sucesión que pueda entorpecer la transición; y 2) respecto a la Junta Democrática anunciada en París quería desvincularse por completo de los comunistas porque *"no son demócratas y nunca lo serán"*. Don Juan enfatizó que no tenía intención de hacer públicos estos puntos y que estaban destinados *"sólo para los oídos del gobierno de los Estados Unidos"*. La razón por la que quiso dejar clara su postura al gobierno estadounidense en ese momento era que Juan Carlos podía en cualquier momento suceder a Franco en la jefatura del Estado y que la presentación en París de la Junta Democrática podía hacer creer al gobierno estadounidense que él había llegado a algún acuerdo con los comunistas españoles. Sobre la presencia de su antiguo consejero Rafael Calvo Serer en París junto al secretario general del partido comunista, dijo que él no tenía nada que ver. Describió a Calvo Serer como un viejo amigo y le disculpó diciendo que *"era un hombre que hablaría con cualquiera, un hombre inclinado a tomar acciones expeditivas"*. Dijo que había leído el programa de la Junta y que gran parte del mismo le parecía bien pero que no creía que los comunistas estuviesen de acuerdo con todos los puntos. (¡Cómo no iba a parecerle bien el programa de la Junta si eran las declaraciones que él había aprobado en un principio hacer el 24 de junio!).[43]

Durante 1975 la Junta lleva a cabo una campaña de promoción internacional consiguiendo algunos golpes de efecto, como la visita al parlamento europeo, una conferencia en Washington o el recibimiento por el presidente de Méjico. La presencia del partido comunista en la Junta les cerrará muchas puertas. Ya en 1974 el Departamento de Estado dio instrucciones a las embajadas de España y Portugal para dejar clara la postura de su gobierno respecto al partido comunista: no eran considerados participantes respetables en los procesos políticos que estaban teniendo lugar y les preocupaba que líderes moderados se unieran a la Junta Democrática.[44] Cuando una delegación de la Junta visita Washington el Departamento de Estado se cuida de mostrar ningún gesto que pudiera ser interpretado como un signo de aceptación o legitimación de la Junta. Por ejemplo, dice Kissinger en un cable que el Departamento de Estado ha rechazado la petición de Rafael Calvo Serer para mantener un encuentro oficial. Para el Departamento de Estado la Junta Democrática no es más que un *"vehículo para la antigua ambición comunista de dominar políticamente la oposición española"*.[45]

En junio de 1975 Don Juan hace unas declaraciones que sorprenden a todos al cuestionar la legitimidad de la sucesión y critica la dictadura. Vuelve a calificar a Franco de interino cuando dice que *"originalmente se le había dado una misión mucho más limitada por sus camaradas de armas"*, cree que en España se acerca el fin de *"un periodo de poder personal absoluto"*, recuerda sus declaraciones de 1969 cuando dijo que *"ni él ni el pueblo español habían sido consultados sobre*

---

[43] Cable 1974LISBON03341_b
[44] Cable 1974STATE238274_b
[45] Cable 1975STATE107975_b2

la sucesión", dice que tiene la esperanza de que el pueblo español recupere la soberanía y se pone a su servicio para facilitar tal logro.[46] Sus declaraciones causan la reacción del régimen y de la prensa. Prohíben su entrada en España y le echan en cara que pone en peligro una transición tranquila y ordenada. Vuelven a recordar los medios del régimen que en España la base popular monárquica es muy pequeña. Pareciera que Don Juan no había renunciado del todo a ocupar la jefatura del Estado en un Gobierno Provisional como defendía la Junta. Sus declaraciones obtienen la respuesta de algunos miembros de la Junta, Carrillo dice en un mitin en Londres: *"el Conde de Barcelona acaba de negar viabilidad a la sucesión de Juan Carlos en unas declaraciones en las que condena a la dictadura franquista y llama a la insumisión y a la democracia. Si el Conde de Barcelona acepta la creación de un Gobierno Provisional democrático de amplia coalición, que abra un periodo constituyente en el que el pueblo, en uso de su soberanía, escoja libremente entre Monarquía y República; si el Conde de Barcelona se compromete a inclinarse ante la voluntad popular, cualquiera que sea el fallo, nosotros no nos opondríamos a que jugara ese papel de árbitro".[47]* Pero Don Juan no irá más allá. No entorpecerá más la sucesión y la monarquía de su hijo y en mayo de 1977 abdica de sus derechos dinásticos en una ceremonia innecesaria y triste, no querida ni por el gobierno ni por su hijo. Según relata Gonzalo Fernández de la Mora no le permitieron decir que abdicaba en nombre de su hijo sino por la patria. A la verdad, no tenía sentido ya lo primero, Juan Carlos llevaba dos años siendo rey y además era contrario a la realidad, su hijo era rey gracias a que Franco restableció la monarquía, no a su abdicación.

---

[46] Cable 1975MADRID04242_b
[47] Mundo Obrero, n°25, 1975

La Junta, un vehículo de los comunistas

No es extraño que los americanos creyeran que la Junta Democrática era un vehículo de los comunistas para dominar a la oposición. Al fin y al cabo, la Junta parecía la concreción del Pacto para la libertad que los comunistas llevaban años preconizando.

El llamamiento del Partido Comunista para la unidad de la oposición y la alternativa democrática era antiguo y recurrente desde el final de la guerra civil. El eslogan Pacto para la Libertad fue precedido por otros. En 1942 el eslogan para concertar a las demás fuerzas de la oposición era la Unidad Nacional, en las siguientes décadas siguieron otros: Frente Nacional Republicano y Democrático, Frente Nacional Antifranquista o Frente Nacional. Se acompañaban de mensajes del estilo: *urge la unidad, es la hora del Frente Nacional Antifranquista, es urgente que todas las fuerzas antifranquistas se pongan de acuerdo para presentar al país una alternativa democrática, etc...* Para la propaganda, el momento actual es siempre el de la urgencia imperiosa y el de la necesidad de no retrasar ni un segundo más la puesta en acción de sus programas.

En los años sesenta los movimientos de la oposición van perfilándose, el PSOE irá de la mano con socialdemócratas y demócratas cristianos, en 1961 se constituye la Unión de Fuerzas Democráticas, en 1962 participan en el Congreso del Movimiento Europeo en Munich. Estos movimientos unitarios mantendrán la exclusión del Partido Comunista. Y se mantendrá esta tendencia en los años de la Transición. El PSOE se negará a participar en la Junta Democrática donde están los comunistas y promoverá otro organismo unitario, la Plataforma de Convergencia Democrática, con presencia de la socialdemocracia y de la democracia cristiana. Los socialistas y otros grupos de izquierda conservaban en la memoria el papel hegemónico que el Partido Comunista consiguió durante la guerra, la violencia desatada entre los grupos de izquierdas, ... El PSOE desconfiaba de los comunistas, temía ser absorbido por el PCE. Hay que tener en cuenta, además, el contexto de la guerra fría, las potencias occidentales tendrán una mejor consideración hacia los grupos de la oposición socialistas y socialdemócratas. El Partido Comunista era claramente pro soviético e incluso cuando propaga la política de Reconciliación Nacional en 1956 se muestra partidario de un régimen socialista, aun tolerando la presencia de otros partidos, en la órbita de la URSS. Puede hablarse de dos oposiciones según lo anterior. La oposición liderada por el Partido Comunista se mostrará más activa en la lucha contra la dictadura, manteniendo la lucha armada hasta 1948 cuando deciden cambiar de táctica y pasar a la lucha de masas, aunque las acciones guerrilleras continuarán algunos años más. Un aspecto importante de esa nueva política del partido es la infiltración en el sindicato vertical.

El Partido Comunista siempre planteará la unidad de los diversos grupos de la oposición sobre el acuerdo de unas bases mínimas: gobierno provisional, amnistía total, restauración de las libertades democráticas, sufragio universal, cortes constituyentes... En la Declaración de junio de 1964 el Partido Comunista establece las condiciones mínimas para el paso a una nueva situación democrática y como base de entendimiento con las demás fuerzas de la oposición: amnistía total para los presos y exiliados políticos; reconocimiento del derecho de huelga; libertad sindical; libertad de prensa, de palabra y de asociación; libertad de conciencia y reconocimiento del sufragio universal como fuente de poder legítimo.

Pero a pesar de la insistencia de los comunistas no consegui-
rán lograr la unidad de la oposición y el paso a un régimen de
libertades. Reconoce Carrillo en 1965 en su libro *Después de
Franco, ¿qué?* que no han podido lograrlo todavía, que no se
hacen ilusiones, y que será muy difícil de lograr hasta que no
se encuentren en el *último cuarto de hora* del franquismo.[48]

En mayo de 1969 el Comité Ejecutivo del PCE emite una resolución que incluye el apartado *Por una alternativa democrática* en el que se dice: *"Estamos por un pacto para la libertad, un pacto que dé paso a una situación provisional con
libertades políticas, incluidas las libertades nacionales de los
pueblos de España, que promulgue la amnistía para los presos y exiliados políticos y que dé la palabra al pueblo para
decidir de sus destinos. Un pacto para establecer el juego democrático. Ese pacto hace falta ahora, cuando de lo que se
trata es de reunir el máximo de fuerzas posible para derribar al régimen. Estamos dispuestos a concluirlo con todos
los que quieran acabar con esto, sean quienes fueren".*[49] La
frase *pacto por la libertad,* que está escrita en negrita en la
publicación de la resolución en Mundo Obrero, se convierte a
partir de entonces en el nuevo eslogan del Partido Comunista
para llamar a la unidad de la oposición y se escribirá en ma-
yúsculas. Durante los siguientes años aparecerá con frecuencia en las páginas de Mundo Obrero: *Hace falta un pacto
para la libertad; Frente al gobierno opusdeista ¡Pacto por la
libertad!; ¡Marchamos hacia el Pacto para la libertad!; Es la
hora del pacto para la libertad; El Pacto para la libertad,
clave de la situación; Ha llegado el momento de no retrasar
más el Pacto para la libertad...*

[48] Santiago Carrillo, *Después de Franco ¿qué?*, pág. 84
[49] Mundo Obrero, nº 10, 1969

La constitución de la Asamblea de Cataluña en 1971 y de Mesas Democráticas por toda España serán vistas por el PCE como fruto de su política del Pacto para la Libertad. En enero de 1972 se dice en la Declaración del Comité Ejecutivo del Partido Comunista: *"Nuestro Partido propugna el Pacto para la Libertad, el acuerdo de todas las fuerzas de la oposición, sin exclusivas, a fin de devolver la palabra al pueblo e instaurar las libertades democráticas. Hacia ese acuerdo se han dado pasos importantes, siendo de destacar la Primera Asamblea de Cataluña".*[50] Asimismo, la Junta Democrática será considerada por el PCE fruto de su política por unir a la oposición y abrir un periodo que posibilite el cambio de la dictadura a un régimen de libertades. En junio de 1974, un mes antes de la presentación de la Junta en París, se dice en Mundo Obrero en un editorial titulado "La actual hora de España": *"En política no hay vacío. Al lado del proceso de desmoronamiento del régimen, estamos viviendo el proceso de articulación del pacto para la libertad, de la alternativa democrática. Ello se plasma a diversos niveles. Junto a los avances ejemplares de Cataluña, comisiones y mesas democráticas acrecen su influencia y su impacto en numerosas regiones y provincias. Tienen lugar progresos importantes en el diálogo político para concretar la alternativa".*[51] El PCE había dado su conformidad al programa de la Junta meses antes, en abril, según relata Trevijano en un artículo de La Razón.

Sin duda la Junta fue inspirada por la política del Pacto para la Libertad del PCE lo cual no quiere decir que fuera controlada por el Partido. Sirvió como vehículo del Partido Comunista para salir a la superficie desde las catacumbas de la clandestinidad y presentarse como una opción política con todo

---

[50] Mundo Obrero, n° 3, febrero,1972
[51] Mundo Obrero, n° 12, 1974

el derecho a participar en el nuevo juego democrático que se estaba creando. Pero no fue el conductor de tal vehículo. De hecho, a pesar de que el PSOE rehusó adherirse a la Junta por considerarla una coalición dominada por los comunistas, Pablo Castellano, en el PSOE entonces, decía en 1975 que *"el Partido Comunista es más esclavo de la 'operación Junta' que dueño de la situación creada por ésta"*.[52] En efecto, la Junta, la concreción del antiguo llamamiento de los comunistas para unir a la oposición sobre unas bases programáticas que dieran paso a un régimen de libertades, no era controlada por el partido sino que personalidades relevantes de la burguesía ejercían una importante influencia en ella.

[52] Mundo Obrero, nº 12, 1975

Plataforma de Convergencia Democrática

Un año más tarde, el 11 de junio de 1975, se crea otro organismo de oposición al régimen: Plataforma de Convergencia Democrática. En esta plataforma se destaca el PSOE. Otros integrantes de esta coalición eran: Izquierda Democrática, UGT, grupos demócrata cristianos nacionales y regionales, PNV, STV (sindicato filial del PNV), partidos socialdemócratas nacionales y regionales, Movimiento Comunista de España, Organización Revolucionaria de Trabajadores, Partido Carlista, Reagrupament Socialist i Democràtic de Catalunya, etc. Al igual que la Junta pedía libertades democráticas y someter la forma de Estado a la decisión de los españoles.

Es el resultado de una tendencia desde el final de la guerra civil: una oposición agrupada en torno al PCE y otra oposición agrupada en torno al PSOE. Antecedentes de la Plataforma son la Unión de Fuerzas Democráticas de 1961 y la Conferencia Democrática en 1974. Esta última no llegó a presentarse públicamente como un organismo de la oposición, pero la creación de tal organismo era al parecer la intención de una reunión celebrada el 26 de noviembre de 1974 en la que resultaron detenidos varios miembros de los partidos implicados que fueron puestos en libertad al poco tiempo. Entre los representantes de los grupos de la oposición que acudieron a la reunión estaban Felipe González, por el PSOE; José María Gil Robles, por la democracia cristiana; Joaquín Ruíz Giménez, por Izquierda Democrática Cristiana (este no fue arrestado porque la policía actuó cuando abandonó la reunión); Nicolás Redondo, por la UGT; Dionisio Ridruejo, por el grupo socialdemócrata; José Pallach, por el MSC o Juan Ajurriaguerra, por el PNV. Aquí están ya los principales partidos que formarán la Plataforma de Convergencia al año siguiente.

El PSOE fue contactado cuando se estaba gestionando la creación de la Junta Democrática, pero rehusó formar parte de ella. Respondía a una estrategia de partido, aunque alegaron diversas razones. La Junta era el resultado del llamamiento a la unidad de la oposición del PCE. Los socialistas no querían ir de segundones en un proyecto visto como una iniciativa del partido comunista. Era consecuencia de una rivalidad de décadas, dos formas de entender el socialismo, o de cómo llegar a él, la lucha por no ser absorbido por el otro, luchas, en definitiva, de partido.

La inminente presentación de la Junta Democrática hizo acelerar la maquinaria socialista para liderar su propio organismo unitario de oposición al régimen. En junio de 1974 se dice en las páginas de El Socialista: *"Sin tomar una posición definitiva que no corresponde a estas páginas sino a los militantes socialistas reunidos en sus órganos de expresión y de decisión, especialmente sus Congresos, es necesario llamar la atención de todos para que el Partido Socialista tenga preparada su alternativa y su estrategia para alcanzarla, consciente de que se encuentra en la situación óptima para aglutinar a todas aquellas fuerzas que de verdad quieran el*

real aperturismo que solo es el restablecimiento de las liber-
tades y la devolución de la soberanía secuestrada, por el ré-
gimen franquista, al pueblo español".[53] Y en julio de 1974, en
un artículo firmado por Matías Alarcón con título *"Una alter-*
nativa socialista para la democracia" se dice: *"Es impres-*
cindible que el Partido Socialista Obrero Español prepare su
propia alternativa para sacar del franquismo a España".
Para conseguir esto la estrategia a desarrollar *"no puede ser*
la del pacto para la libertad propugnada por el partido co-
munista por estas razones: a) Por su ineficacia derivada de
ser propuesta por el partido comunista que aún no es acep-
tado como interlocutor válido por la mayor parte de los sec-
tores de la burguesía [...] b) Porque el pacto por la libertad
no es un pacto interclasista, sino un pacto burgués apoyado
por los partidos de la clase trabajadora".[54] Pero estas razones son contradictorias, por un lado se dice que el pacto para
la libertad fracasará porque es impulsado por el partido comunista que no es aceptado por la mayor parte de la burguesía y por otro que se trata de un pacto burgués.

Después de la presentación de la Junta Democrática en París, el 30 de julio de 1974, el PSOE emite un comunicado a
través de El Socialista titulado *"A la opinión pública".*[55] En él
se explica el porqué del rechazo a la invitación de sumarse a
la Junta: *"El pasado mes de mayo, la Comisión Ejecutiva del*
Partido Socialista Obrero Español, recibió una invitación
para tomar parte en las conversaciones previas a la consti-
tución de un órgano que aglutinara a la oposición a la Dic-
tadura [...] Desde el primer momento, nuestra Comisión Eje-
cutiva, aun mostrando su acuerdo con cualquier operación
encaminada a conseguir una ruptura democrática, rechazó

[53] El Socialista, nº 23, 1974
[54] El Socialista, nº 25, 1974
[55] El Socialista, nº 28, 1974

*la participación en las reuniones a que se le había invitado,
razonando:*

*1º) Que cualquier pacto con otras fuerzas pertenecientes a la
burguesía en el que se comprometiera el PSOE se había de
encaminar directa y exclusivamente a la consecución de la
caída de la Dictadura; nunca a un compromiso que sobre-
pasara ese límite. Por ello, únicamente demostrando la posibilidad de luchar actualmente de forma eficaz contra el Régimen, podía aceptarse la participación."* Para el PSOE el
pacto de la oposición termina en el momento en que cae la
dictadura, confiaba en que un gobierno provisional garanti-
zara el periodo constituyente y el restablecimiento de las libertades. La posición de la Junta Democrática era que debía
permanecer activa en tanto no se completara el proceso constituyente, vigilando, coordinando, impulsando, promoviendo
y garantizando dicho proceso. El PSOE entiende que la Junta
se limita a ofrecer una alternativa de poder para el momento
en que desaparezca la dictadura sin hacer nada para que desaparezca la dictadura. Pero no es el propósito de Junta constituirse en una alternativa de poder sino establecer las condiciones para que tuviera lugar un periodo constituyente con
todas las garantías democráticas que diera como resultado
unas nuevas reglas de juego. Si para el PSOE la acción de la
Junta era ineficaz para derribar la dictadura igualmente lo era
la acción del partido socialista y las demás fuerzas en torno
suyo, la oposición no consiguió acabar con la dictadura, esta
completó su ciclo vital, puede decirse que tuvo una muerte
natural, después del fallecimiento del General Franco se mantuvo casi dos años por la inercia, ni siquiera entonces la oposición consiguió *la caída de la dictadura*. Hacía décadas que
la propia dictadura estaba evolucionando hacia la meta a la
que querían llegar los hombres de la reforma: una democracia
homologada que les permitiera ser aceptados en Europa

como uno más.

2°) "Que en ningún caso participaríamos en una operación en que estuviera D. Juan de Borbón, y no sólo por su pasado sino porque un compromiso de esa naturaleza, prefiguraría la futura configuración del Estado." Fue el propio Don Juan el que se desvinculó de la Junta por la presencia preeminente de los comunistas. Pero su papel de árbitro no aseguraba que el futuro régimen tuviera la forma monárquica, había aceptado un referéndum sobre la forma del Estado. Y el PSOE abandonó la exigencia de la consulta sobre la forma del Estado a pesar de declararse *inequívocamente republicano* y llamar a la monarquía de Juan Carlos *"monarquía de la Guerra Civil"* diciendo que *"la monarquía de Juan Carlos, del 18 de julio, es una institución más, vacía de contenido, como cualquiera de las otras fabricadas artificialmente por el régimen para el cumplimiento de sus fines, y la única opción que queda a los españoles dignos es luchar contra ella con la misma fuerza y vigor con que a lo largo de treinta y ocho años se ha luchado contra la Dictadura, con el convencimiento de que su debilidad es tal que no resistirá ni el primer ataque".*[56] Al final, el PSOE, como todos los partidos, se sumaría a la reforma del Gobierno de Suárez que sí que *prefiguraba la futura configuración del Estado.*

3°) "Cualquier acuerdo se habría de realizar, caso de producirse, entre grupos u organizaciones, y no entre personas". Esta era una exigencia desde la posición de partido, de cualquier partido, no se entiende tratar en condiciones de igualdad con personas fuera de una organización. En los llamamientos del PSOE a la unidad de la oposición se explicita que se excluye a las personalidades, por muy respetables que

---

[56] El Socialista, n° 27, 1974

sean.[57] Es una tendencia en los partidos, por su naturaleza oligárquica, como en cualquier organización, no someterse al criterio de individuos, pertenezcan o no a ellos.

4º) "Que se reservaba el derecho a completar su información con otras organizaciones, para conocer el verdadero alcance de la operación."

Como se ha dicho, estos argumentos parecen más bien excusas para justificar el rechazo a sumarse a la Junta, lo que significaría una subordinación al partido comunista, una pérdida de relevancia política del partido. Esto no es óbice para considerar las observaciones del PSOE respecto al funcionamiento inicial de la Junta incluidas en este manifiesto *A la opinión pública:*

"Por las informaciones recibidas de otras organizaciones, tanto en el País Vasco como en Cataluña, así como de nuestras organizaciones de Andalucía y Madrid, hemos podido constatar:

a) Que las personas que asistían a las reuniones previas y que constituyeron más tarde la 'Junta Democrática de España', no ostentaban en su mayor parte la representación política que decían. Así, ni la persona que asistía por Cataluña, tenían la representación de las respectivas plataformas unitarias de estas zonas.

b) Que como fuerzas políticas sólo estaban representados el Partido Comunista de España y el Partido Carlista. Interesa aclarar que el Partido Nacionalista Vasco se retiró de las conversaciones antes de la constitución de la Junta, y la Democracia Cristiana del Centro y de Cataluña, no llegaron a

[57] Ib.

participar. (El Partido Carlista también terminó abandonando la Junta).

c) Que el resto de los componentes lo hacían a título personal, sin representar intereses de grupos políticos ni, en su mayor parte, de grupos económicos, militares o eclesiásticos.

d) Que ya con posterioridad a la aparición de la Junta y en la propia presentación de la misma, se ha tratado de presentarla como la culminación del proceso unitario iniciado en la 'Coordinadora de Fuerzas Políticas de Cataluña' y en las distintas mesas democráticas. Esto falsea la verdad como ya se ha hecho saber por las fuerzas constitutivas de la Coordinadora catalana no implicadas en la operación, y por nuestras organizaciones en las mesas democráticas de otras áreas del país".

Además de la presencia preponderante del Partido Comunista en la Junta Democrática y que se les presentara la creación de la Junta como un hecho consumado producto de la iniciativa y la gestión no ya sólo de partidos rivales sino de personalidades de la burguesía, se encontraba en ella el PSP de Tierno Galván. La negativa del PSOE a aceptar la invitación que se le hizo para sumarse a la Junta se explica por el interés de partido, el PSOE consideraba que perdería relevancia política si se unía a ese proyecto. Además, la dispersión socialista significaba debilitar al partido, el PSOE Renovado de Felipe González que se impuso en Suresnes consiguiendo el reconocimiento de la Internacional Socialista ante el PSOE Histórico de Llopis no iba a ceder protagonismo ante un partido socialista pequeño como el de Tierno en una pugna que venía de atrás cuando Tierno fundó el Partido Socialista de

Interior.[58] En enero de 1975 la portada de El Socialista recoge una declaración titulada *El problema de las alianzas,* en ella se dice: *"Para nosotros, los socialistas, toda política de relación con otras fuerzas pasa por el fortalecimiento de la unidad socialista y por el desarrollo de nuestra organización como tal. [...] Llegar a un acuerdo exige el convencimiento de que el pacto, añade algo concreto a la lucha que las organizaciones políticas y sociales de oposición están llevando a efecto solas o con acciones unitarias de base. El pacto por el pacto no tiene para nosotros ningún interés político, sobre todo si se tiene en cuenta que en todo acuerdo se paga siempre un determinado precio, que consiste en el desdibujamiento parcial de la imagen de la organización política que pacta".[59]*

Los puntos programáticos del manifiesto de la Plataforma de Convergencia Democrática son los siguientes:

"1. Las organizaciones políticas y sindicales abajo firmantes forman una Plataforma de Convergencia Democrática abierta a todos los partidos y organizaciones de carácter democrático de los diversos pueblos del Estado Español, sin exclusión alguna, que se compromete al restablecimiento y consolidación de la soberanía popular mediante la indispensable ruptura con el régimen actual y la apertura de un proceso constituyente.

2. La Plataforma de Convergencia Democrática se compromete a luchar por:

[58] El PSP terminaría incorporándose al PSOE en abril de 1978.
[59] El Socialista, n°31, enero de 1975.

El establecimiento y organización de un régimen democrático y pluralista con estructura federal del Estado.

La inmediata liberación de presos políticos y sindicales y el retorno de exiliados.

La libertad de asociación sindical y el derecho de huelga.

Las libertades de expresión, asociación, reunión y manifestación y demás derechos reconocidos en los textos de organismos internacionales.

La supresión de los Tribunales especiales y de todos aquellos organismos y medios de carácter represivo, incompatibles con una sociedad democrática.

3. La forma de gobierno debe quedar sujeta a la decisión de la voluntad popular expresada en elecciones.

4. La Plataforma de Convergencia Democrática propugna que, a través de la voluntad popular, se adopten con urgencia medidas de cambio de estructuras socio-económicas y culturales, a fin de lograr una mejora de las condiciones de vida y de trabajo del pueblo y constituir una sociedad progresiva y justa.

5. La Plataforma de Convergencia Democrática consciente de la existencia de nacionalidades y regiones con personalidad étnica, histórica o cultural propia en el seno del Estado español, reconoce el derecho de autodeterminación de las mismas y la formación de órganos de autogobierno en las nacionalidades del Estado desde el momento de la ruptura democrática y propugna una estructura federal en la Constitución del Estado Español.

6. La Plataforma de Convergencia Democrática propugna el

respeto de los compromisos internacionales siempre que no hipotequen la independencia nacional.

La Plataforma de Convergencia Democrática, ante la situación actual de oposición al Régimen, adopta sin reservas una postura unitaria y considera necesario desplegar los mayores esfuerzos para la formación de un único organismo en el que se integren y fundan los ya existentes, así como todos los partidos, movimientos y organizaciones sindicales democráticos que lo deseen.

La Plataforma de Convergencia Democrática reitera su decisión de impulsar la movilización popular que permita frente a la opresión, un régimen de Justicia y Libertad."

Estado federal y derecho de autodeterminación

Los puntos que propugna son similares a los de la Junta, pero incluye objetivos cuestionables si se analizan desde la perspectiva de la ciencia política, como el de querer establecer "una estructura federal del Estado", esto no es de aplicación en España, no está formada por diferentes Estados que quieran unirse y formar una Federación. Así como hablar de nacionalidades, sólo hay una nación, la española, este error terminó consolidándose en la Constitución del 78. Y el "derecho de autodeterminación" de las nacionalidades y regiones, derecho que sólo puede reconocerse a colonias que han estado sometidas al poder de una metrópoli extranjera.

El PSOE, principal partido en Plataforma, en su resolución política surgida del congreso de Suresnes en octubre de 1974, ya defendía la autodeterminación y se pronunciaba por *"una República Federal de las Nacionalidades que integran el Estado Español"*; reconocía el *"derecho a la autodeterminación de todas las nacionalidades ibéricas"*, y lo justificaba apelando a la doctrina marxista en una evidente contradicción y particular interpretación de la misma: *"Al analizar el problema de las diversas nacionalidades el PSOE no lo hace desde una perspectiva interclasista del conjunto de la población de cada nacionalidad sino desde una formulación de estrategia de clase, que implica que el ejercicio específico del derecho de autodeterminación para el PSOE se enmarca dentro del contexto de la lucha de clases y del proceso histórico de la clase trabajadora en lucha por su completa emancipación".*[60]

Según el PSOE el federalismo es defendido no como una reacción al centralismo del franquismo sino como parte de una tradición en la lucha social española. Buscan sus raíces en el federalismo de Pi y Margall y Fernando Garrido, el de la desastrosa Primera República, y en la postura del Partido Socialista en 1896 en el cuarto congreso de la II internacional a favor de la autodeterminación de las nacionalidades.[61] Creen que es coherente con estos principios que a su vez la estructura del partido sea federal, así lo explica Felipe González en una entrevista publicada en El Socialista en diciembre de 1976 con motivo de la celebración del XXVII Congreso: *"El Partido Socialista defiende una estructuración federal del Estado, incluso mucho tiempo antes de que nacieran algunos de los grupos que hoy se reclaman federalistas o autonomistas. Creemos que, coherentemente con este modelo de estructuración del Estado, el partido ha de reforzar su estructura asimismo federal".*

No se entiende muy bien la solución federalista del PSOE. Porque es construir un Estado Federal contra natura. Se

[60] El Socialista, nº 29, 1974
[61] El Socialista, nº 66, 1976,*"Socialismo y Regionalismo: La Estructura del Estado".*

quiere llegar al mismo obviando las reglas y leyes universales que rigen el nacimiento de los Estados. Suponiendo que se consiguiera fundar un Estado Federal español, compuesto por el Estado de Cataluña, el Estado de Galicia, el Estado de Andalucía, etc.; los habitantes de esos Estados podrían preguntarse: ¿cuándo hemos sido independientes? ¿cuándo dejamos de serlo para formar parte del Estado Federal? Estas preguntas no tienen respuesta porque esa situación es imposible. Y si se responde que "nunca" entonces no se tratará de un Estado Federal, aunque se le denomine así y su existencia estará condenada como todo lo que es falso. Pero se insiste, todavía en la actualidad, en el federalismo como la solución ante unos supuestos y asumidos problemas regionales, unas asumidas peculiaridades y hechos diferenciales que hacen imposible la convivencia entre los españoles si no se llega al Estado Federal, aunque sea contrariando el orden natural de las naciones. Porque lo importante es hacer como si se viviera en un Estado Federal, como si la clave de todo fuera sustituir la palabra central por federal y que en vez de decir Gobierno central o estatal se diga Gobierno federal.

La idea del federalismo que el PSOE defiende en la actualidad parece buscar la imitación del modelo alemán, al menos, por lo que se dice en la Declaración de Granada (2013). Habida cuenta del patrocinio que el PSOE recibió del SPD en la Transición no es extraño que surjan modelos imitativos. Pero la historia de Alemania es muy diferente. España es una de las naciones más antiguas del mundo, Alemania lo es desde finales del siglo XIX. De nuevo, es marchar contra la historia. El PSOE quiere convertir el Senado en una cámara de representación territorial, un *Bundesrat*. Pero las regiones españolas no han sido Estados soberanos pertenecientes a una Confederación y luego unificados en una Federación, no son *länder*. Hay mucho de artificio en esta construcción estatal,

¿sirve una reforma constitucional que cambie la denominación de una región española para que esta se convierta, de la noche a la mañana, a todos los efectos, en un *bundesland*? Leemos en la Declaración de Granada del PSOE: *"El Estado de las Autonomías tiene que evolucionar, tiene que actualizarse y perfeccionarse. Y tiene que hacerlo en su sentido natural: avanzando hacia el federalismo, con todas sus consecuencias"*. Ese sentido natural de que habla el PSOE, ¿no es en realidad un sentido antinatural? ¿Es en ese sentido en el que debe marchar la organización del Estado? Con la Constitución de 1978 las regiones pasaron a ser Comunidades Autónomas. Siguiendo la lógica del PSOE, en una próxima reforma constitucional las Comunidades Autónomas pasarán a llamarse Estados federados. Murcia, por ejemplo, habrá sufrido una evolución nominal desde la *región de Murcia* hasta el *Estado federado de Murcia*. ¿Creen que así desaparecerán los deseos independentistas de vascos y catalanes? Un Estado federado es un estado que antes ha sido soberano e independiente y que ha dejado de serlo para unirse con otros en una Federación. Pero esto es un camino inverso. La Constitución de 1978 también introdujo la denominación de nacionalidades. Los pasos en próximas reformas constitucionales, siguiendo esta lógica y por lo que expresan los nacionalistas y algunos partidos, será pasar de nacionalidades a nación: *"España es un Estado plurinacional"*. Los nacionalistas quieren ser una nación política, un Estado, no para federarse con otros en una Federación sino para ser un Estado soberano independiente. Esta tendencia les acerca a su objetivo. Mientras que en Alemania el sentido de la historia condujo al federalismo y a la unificación, en España el proceso federalista contrario al sentido de la historia conduce a la ruptura.

La defensa del derecho de autodeterminación era ampliamente compartida por los grupos de la oposición de izquierda incluso por los que estaban en la Junta como el PCE y PSUC. Y esa defensa se hacía en contradicción con la doctrina marxista de la que habían nacido. La emancipación de los trabajadores es lo que propugna el marxismo no las aspiraciones nacionalistas que son consideradas propias de la burguesía. En un artículo sobre la Comuna de París titulado *"Las enseñanzas de la Comuna"* Lenin define como tareas contradictorias el patriotismo y el socialismo, La Comuna mostró que la misión del proletariado era luchar por su emancipación, no dejarse conquistar por ilusiones patrióticas ni sumarse al llamamiento de la burguesía para lograr objetivos nacionales comunes.

Gregorio López Raimundo, secretario general del partido comunista de Cataluña, PSUC, se pronunciaba por *"la conquista de un régimen democrático acorde con las características y aspiraciones nacionales de Cataluña"*.[62] Y Joaquím Sempere (bajo el seudónimo de Ernest Marti), también del PSUC, escribía en Mundo Obrero, el órgano de propaganda del PCE: *"Los movimientos nacionales y regionales ponen sobre el tapete la liquidación del estado centralista y la marcha hacia el autogobierno de los distintos pueblos del estado. No existe aún claridad ni unanimidad acerca de la fórmula o las fórmulas que podría adoptar la nueva configuración política de los pueblos de España. Lo que sí puede considerarse unánime es la idea de crisis del estado centralista y de la necesidad de un proceso seriamente descentralizador"*.[63]

Todos los grupos de izquierda derivaban en mayor o menor medida del marxismo. Pero se apartaban de la doctrina en lo que respecta al derecho de autodeterminación. Porque la cuestión nacional, en la ideología marxista y leninista, se

---

[62] Mundo Obrero, nº 8, 1976
[63] Mundo Obrero, n 27, 1976

subordina, en cualquier caso, a la lucha de la clase obrera. Y cuando se habla de derecho de autodeterminación se refiere al de ciertas naciones. No es reconocido en el caso de que se haya completado la transformación democrática burguesa que para la Europa Occidental se produjo desde la Revolución Francesa hasta 1871.

El intento de convertir regiones en naciones pretende ser el paso para la independencia. Porque ese es el único propósito de crear nuevas naciones, el derecho de autodeterminación aplicado a una nación es la separación y la independencia política, la creación de un nuevo Estado nacional. Y esto no es lo propio de la izquierda sino de la burguesía, porque en el Estado nacional es donde se desarrolla mejor el capitalismo. Diferente cuestión es que si la izquierda logra realizar su revolución desarrolle luego un férreo centralismo y defienda tenazmente las fronteras de la dictadura del proletariado en sus más variadas versiones. A la vez desarrollará una expansión internacional de su dominio, tendencia natural en los movimientos totalitarios, pero esto no tiene que ver con el sueño utópico de la unión del proletariado internacional, su fracaso se evidenció cuando la clase obrera se alistó en los ejércitos de los Estados burgueses durante la Primera Guerra Mundial y los obreros lucharon contra obreros. El centralismo después de la revolución es el de una dictadura totalitaria, consecuencia del estatalismo.

Democracia y descentralización formaron un tándem que fue aceptado de manera general, por la oposición y por los aperturistas del régimen, determinando la evolución y naturaleza del sistema político del 78. No se entendía la democracia si a la vez no iba acompañada de un movimiento descentralizador de las estructuras del poder. Centralismo significaba franquismo para los grupos de la oposición de izquierdas. Pero el rechazo al franquismo no es lo único que motivaba sus ansias descentralizadoras, forma parte de una estrategia de conquista del poder que responde al principio básico: "divide y vencerás". Si el poder se fragmenta se debilitará y será además más fácil de conquistar, primero las nuevas y más pequeñas porciones de poder, pero con el objetivo final de conquistar todo el poder político para realizar la transformación de la sociedad acorde a la ideología que se sostenga. Es así como se describe en las páginas de El Socialista en agosto de 1976, una de las acciones de la clase trabajadora para conquistar el poder político es *"una lucha para descentralizar el poder estatal, para multiplicar los centros del poder real existentes en el seno de la sociedad y, a través de ello, hacer más fácil el acceso a los distintos centros de poder [...] Un principio táctico elemental afirma que 'hay que dividir para vencer'. Pero hay que dividir las fuerzas del enemigo, no las propias fuerzas".*[64] Qué duda cabe que este principio de dividir para vencer será compartido por los grupos nacionalistas no así los fines de los otros grupos de la oposición. Persiguen debilitar el poder central, sí, pero con el objetivo de poder dar cumplimiento a sus intenciones secesionistas.

La oposición, la mayoría de los grupos en la Junta y Plataforma, se mostraban a favor de restaurar los Estatutos de autonomía de la Segunda República, pero para los partidos de izquierda y nacionalistas periféricos esto no era suficiente y lo veían como un paso previo al derecho de autodeterminación.

A pesar de que en Cataluña la oposición se había asociado en la Asamblea de Cataluña, los grupos nacionalistas crearon otro organismo unitario en diciembre de 1975 llamado El Consell de Forces Politiques de Catalunya donde los intereses

---

[64] El Socialista, nº 68, agosto de 1976

catalanistas tuviesen un papel predominante. En El Consell se encontraban Convergencia Democrática de Cataluña de Miguel Roca y Jordi Pujol, Convergencia Socialista de Cataluña, Esquerra Democrática, Esquerra Republicana, Front Nacional, Partit Carlis, Partit Popular, Partit Socialista dÁlliberament Nacional dels Països Catalans, Partit Socialista Unificat, Reagrupament Socialista Democratic y Unió Democrática. El documento constitutivo de este organismo comienza diciendo: *"Las fuerzas políticas abajo firmantes han visto la necesidad de crear un nuevo organismo político de negociación unitaria, abierto a las demás fuerzas de disciplina catalana que quieran incorporarse a él en el futuro y que acepten las bases programáticas, de estrategia y de funcionamiento, que han enmarcado el acuerdo obtenido"*. Aboga por un gobierno provisional de la Generalitat de Catalunya constituido a partir de los principios e instituciones configurados en el Estatuto de 1932, considerado *"como primer paso en el ejercicio concreto del derecho de autodeterminación"*. Su programa propugna puntos comunes a todos los programas de la oposición: la amnistía general, libertades... Pero las aspiraciones nacionalistas tienen un carácter relevante, el punto seis del programa dice así: *"Prestar apoyo para que las situaciones específicas del País Valenciano y de las islas encuentren la solución adecuada, mediante la expresión libremente expresada de sus habitantes, formulación que se hace extensiva al resto de los pueblos del Estado español"*. Los intereses nacionalistas prevalecieron por encima de cualesquiera otros cuando El Consell rehusó participar en la cumbre de la oposición celebrada en Madrid el 4 de septiembre de 1976 para no identificarse con el resto de grupos de la oposición "centralistas" y no catalanes, aunque hubo discrepancia en el organismo por parte de los grupos marxistas, favorables a la participación en el encuentro de la oposición.

Junta Democrática "comunista", Plataforma de Convergencia "no comunista".

La política anticomunista del Departamento de Estado determinó la percepción de los movimientos de la oposición por parte de los estadounidenses. En octubre de 1975 Stabler define por ejemplo a la Junta Democrática como *"manipulada por los comunistas"* y a la Plataforma de Convergencia Democrática *"no comunista"*.[65] No hay en la declaración de la Junta Democrática reclamaciones ideológicas de origen marxista. En el discurso de presentación de la Junta que hizo Rafael Calvo Serer (Catedrático de Historia de la Filosofía, editor del diario Madrid, perteneciente al OPUS) en París se dice: *"La desaparición de los factores históricos, ideológicos, económicos y estratégicos, sobre los que se ha basado la duración del poder excepcional de Franco, y la moderna convergencia en la libertad de las aspiraciones morales y materiales de las clases trabajadoras, de la alta burguesía neocapitalista, de las burguesías regionales, de los profesionales y de los intelectuales, impiden la prolongación de la dictadura a través de la Monarquía del Régimen"*. No se habla de lucha de clases sino de *convergencia en la libertad*. Por el contrario, la declaración de Plataforma incluye una reclamación ideológica en su punto cuatro cuando propugna que se adopten con urgencia medidas de cambio de estructuras socio-económicas y culturales. Y es que la posición del PSOE para formalizar un pacto con otros grupos de la oposición era que la clase trabajadora impusiera sus condiciones, así se dice en el informe de la Comisión Ejecutiva del PSOE sobre la situación española y la política del partido en diciembre de 1974 que justifica su rechazo a la invitación de la Junta Democrática: *"Es ésta (la clase trabajadora), y las organizacio-*

---

[65] Cable 1975MADRID07315_b

nes que la representan, que han protagonizado la lucha con-
tra la dictadura durante 30 años, la que debe protagonizar
la alianza. En la Junta Democrática se han invertido los tér-
minos dando la oportunidad a la burguesía de imponer sus
condiciones".[66] El punto cuatro de la declaración de Plataforma responde a la postura del PSOE respecto a las condiciones que debe tener el programa de una alternativa democrática, es acorde a lo explicitado en el artículo citado más
arriba que lleva el título: *Una alternativa socialista para la*
democracia. En dicho artículo de El Socialista, junto a las
reivindicaciones comunes de la oposición: amnistía, libertades, gobierno provisional, ... también se dice: *"Asimismo*
como pacto interclasista deberá recoger algunas reivindica-
ciones socialistas mínimas para que no quede en un pacto
burgués, con apoyo de la clase trabajadora. Así deberá re-
coger al menos: a) Nacionalización de industrias, como las
eléctricas y energéticas en general, transportes, y comuni-
caciones. b) Socialización del núcleo urbano, de la enseñanza
y de la medicina. c) Control obrero de la seguridad social".

Nada que hiciera la Junta Democrática iba a arrancar el es-
tigma de comunista o manipulada por los comunistas que se
le había impuesto. Y los propios estadounidenses reconocen
que en Plataforma se encuentran grupos a la izquierda del
PCE, así lo dice el embajador Stabler cuando analiza la nueva
formación: *"la extrema izquierda rebasa a la Junta por la*
izquierda", refiriéndose al Movimiento Comunista de España
(MCE) y a la Organización Revolucionaria de Trabajadores
(ORT), integrantes de Plataforma.[67] El hecho de que estos
grupos de extrema izquierda no tuviesen un peso comparable
al del Partido Comunista en la Junta hacía que los americanos
siguiesen considerando a la Plataforma como moderada o no

---

[66] El Socialista, nº 30, diciembre, 1974
[67] Cable 1975MADRID04195_b

manipulada por los comunistas. Pero, ¿acaso no mantenía el PSOE, el partido preponderante en la Plataforma, un discurso también extremista? Así decía el punto uno de la resolución política surgida del XIII Congreso del PSOE en Suresnes: *"El PSOE, cuya aspiración es la conquista del poder político y económico por la clase trabajadora y la radical transformación de la sociedad capitalista en sociedad socialista, insiste en la necesidad cada vez más urgente de implantar en España un régimen democrático como medio para conseguir aquellos objetivos"*. Aunque el objetivo del PSOE sea el mismo que el del PCE, es decir, llegar al socialismo, como partido socialdemócrata tiene una estrategia diferente, no tan radical como la comunista: conquista del Estado e implantación de la dictadura del proletariado; los socialdemócratas prefieren ir paso a paso, sabiendo esperar, pero el fin es en teoría el mismo: el socialismo, el fin de la propiedad privada y la socialización de los medios de producción. Tener una estrategia diferente es lo que los socialistas consideran les da autoridad para acusar de totalitaristas a los comunistas.

A pesar del aparente radicalismo del PSOE este recibió un trato de favor por parte del régimen. El embajador Stabler escribe un informe titulado *"Gestos del gobierno hacia los socialistas"* en diciembre de 1975[68] sobre el nuevo gobierno de Arias. En este cable se dice que el nuevo gobierno ha tenido los siguientes gestos con los socialistas (puede apreciarse que los socialistas, a su vez, tuvieron gestos en agradecimiento hacia el gobierno):

"A) El ministro de Interior Fraga cenó con el líder del PSP, Tierno Galván, quien subsecuentemente hizo una declara-

---

[68] Cable 1975MADRID08948_b

ción pública señalando que en líneas generales el nuevo programa del gobierno tenía algunos elementos positivos;

B) Devolvió el pasaporte a Felipe González, líder del PSOE reconocido por la Internacional Socialista; el PSOE emitió un comunicado el 16 de diciembre en el que se decía que, aunque el programa del gobierno anunciado el día previo carecía de precisión, reconocía que su terminología estaba al menos en sintonía con las necesidades de nuestros días;

C) Rehabilitó a Rodolfo Llopis, ex líder del PSOE que vive en el exilio en Francia, limpiando su expediente judicial y concediéndole una pensión calculada teniendo en cuenta sus años en el exilio".

En este cable también se dice que días atrás un estrecho colaborador de Tierno Galván le había dicho a un funcionario de la embajada que el PSP estaba seriamente considerando salirse de la Junta. Stabler comenta que el gobierno tiene la voluntad de permitir a los socialistas viajar y mantener contactos en el extranjero y permitir también a algunos exiliados regresar a España sabiendo plenamente que se dedicarán a la actividad política. Dice también Stabler que muchos políticos del régimen, incluyendo algunos miembros del nuevo gobierno, creen con razón o sin ella, que un sistema democrático viable en España no puede funcionar sin un partido socialista fuerte con auténticas credenciales democráticas que sirva de alternativa de izquierda ante los comunistas. Cree, sin embargo, que superar la represión del gobierno no es el único problema de los socialistas, quizás sea un problema mayor su fragmentación.

La Platajunta

Los dos movimientos de oposición acabarían fusionándose el 26 de marzo de 1976 bajo el nombre de Coordinación Democrática o "Platajunta". La unidad de toda la oposición era una tendencia lógica, por un lado, para reunir mayor fuerza para presionar al gobierno y conquistar libertades y de cara a las negociaciones con este, por otro para tener la mayor credibilidad de que se representaba realmente a la oposición al régimen.

Pasos previos y negociaciones.

El PSOE intentó crear un nuevo organismo que englobara a los grupos que estaban en Plataforma y a los de la Junta, dejando de lado a las personalidades. En octubre de 1975 se publica en El Socialista[69] un comunicado: "Propuesta de organismo democrático unitario" en el que se llama a la formación de un nuevo organismo que además de los partidos y sindicatos ya presentes en la Junta y Plataforma se abra a las plataformas unitarias de las regiones. Se propone que dicho organismo podría llamarse "Alianza Democrática del Estado español". La propuesta de Plataforma apoyada por el PSOE se dirige a la Junta en octubre, pero primero el PSOE había intentado atraerse al Partido Comunista para que abandonara la Junta, el fracaso de esta táctica parece ser el motivo de que en octubre la propuesta se dirija formalmente a la Junta Democrática. El Partido Comunista rechazó las invitaciones del PSOE y de la democracia cristiana, defendió a las personalidades y permaneció leal a la Junta. Por ejemplo, en marzo dice Carrillo: *"Quienes no vinieron a la Junta por reservas hacia los comunistas y ahora pretenden romperla atrayéndonos a nosotros a sus tertulias, han tomado desde el principio un camino equivocado. No era ni es posible una alternativa democrática seria en España sin los comunistas. No es posible, y no lo será nunca, que los comunistas incumplamos acuerdos y compromisos tomados con nuestros aliados".[70]* En abril se dice en Mundo Obrero sobre las personalidades: *"Esas especulaciones sobre 'personalidades' o 'grupos', hacen caso omiso de hechos evidentes: el amplísimo torrente de voluntades democráticas que se desarrolla en España está formado, en un porcentaje elevadísimo, de españoles que no pertenecen a ningún Partido; que están, sin más, por la opción democrática. En una serie de casos, una personalidad puede representar una fuerza política más real que una sigla, aunque ésta sea formalmente 'partido'".[71]*

[69] El Socialista, n° 50, 1975
[70] Mundo Obrero, n° 6, 1975
[71] Mundo Obrero, n° 8, 1975

En mayo Mundo Obrero publica parte de una intervención de Carrillo ante militantes del partido y periodistas: *"Preferimos tratar con un Partido Socialista unido; nos gustaría tratar con una democracia cristiana identificada con la línea que ha expuesto en la revista 'Triunfo' el señor Ruiz Giménez... Pero hoy existen el PSOE, el Partido Socialista Popular y las Alianzas regionales socialistas. El PSP y las Alianzas están en la Junta y cooperamos con ellos. Estamos dispuestos a hacerlo también con el PSOE. Pero el PSOE nos dice: dar de lado la Junta y vamos a hablar vosotros, nosotros y la Democracia Cristiana. A eso les respondemos: no. Hemos hablado años y os habéis opuesto a que se haga nada concreto. Ahora existe la Junta. Podemos hablar de cómo completarla, mejorarla, perfeccionarla. Pero deshacer la Junta ¡de eso ni hablar!".*[72] Sin embargo, en octubre, cuando se produce la propuesta formal de Plataforma, Carrillo se muestra conforme a una coalición de partidos dejando de lado a las personalidades como se recoge en este cable[73]: *"Carrillo, en una entrevista hace una semana al diario comunista italiano 'Unita', repetidamente requirió la creación de una amplia coalición de reconocidos grupos políticos de la oposición e insinuó que el PCE podría estar dispuesto a tratar exclusivamente con dichos grupos antes que con individuos. Estas sorprendentes declaraciones han sido interpretadas como una pista de que Carrillo y el PCE podrían estar señalando una posible disposición a abandonar a las personalidades de la Junta (por ejemplo, Calvo Serer y García-Trevijano), siempre y cuando pudiera llegar a algún acuerdo de coalición alternativa con Plataforma".*

La Junta Democrática no fue disuelta, tanto ella como Plataforma pervivieron hasta la fusión de ambas y la creación de

---

[72] Mundo Obrero, nº 12, 1975
[73] Cable 1975MADRID07315_b

Coordinación Democrática, conocida como Platajunta. Como el PCE no estaba dispuesto a dejar la Junta el PSOE y la Democracia Cristiana entendieron que no cabía sino negociar la fusión con la Junta Democrática. También contribuyó a estimular el acercamiento de los dos organismos el contexto del momento, la promulgación del Decreto Ley de Antiterrorismo 10/1975, las condenas a muerte de once miembros de ETA y el FRAP (fueron indultados seis de ellas, finalmente fueron ejecutadas cinco personas el 27 de septiembre), el aumento de la violencia terrorista y de la represión del gobierno...

En agosto el Secretariado de Plataforma invita a la Comisión Permanente de la Junta Democrática a una reunión. Desde la Junta se pide que Plataforma aclare su postura respecto a los siguientes puntos:

"1º Posición respecto a la Monarquía de Juan Carlos, que la Junta Democrática ha rechazado y rechaza explícitamente, porque representa por sí misma, la continuidad del Régimen.

2º Posición respecto a la formación de un Gobierno Provisional del Estado Español, y de Gobiernos de Autonomía en Cataluña, País Vasco y Galicia... medio indispensable para acabar con la Dictadura, para garantizar el pleno derecho de las libertades conquistadas y para preservar el libre desarrollo del proceso constituyente, en el que el pueblo elija tanto la forma del Estado como la forma de Gobierno.

3º Posición respecto al modo de llegar a la realización de la ruptura democrática". La Junta a este respecto considera que sólo puede realizarse "de abajo arriba": *"La democratización real del Estado autoritario sólo se consigue desde un poder político independiente que surja de la sociedad, y que asuma las funciones del Estado cuando tenga suficiente potencia para transformarlo en democrático [...] En consecuencia se han constituido centenares de Juntas Democráticas... que han unido al programa político de la Junta sus propias reivindicaciones, lo que ha permitido ya amplias movilizaciones de masas... que van manifestando el poder político de la sociedad que ha de ser configurado en la acción democrática nacional que convocará la Junta Democrática de España".* [74]

En septiembre se llega a un acuerdo y se emite un comunicado conjunto de la Comisión Permanente de la Junta Democrática y el Secretariado de la Plataforma de Convergencia Democrática en el que se comprometen *"a realizar un esfuerzo unitario que haga posible la formación urgente de una amplia coalición organizada democráticamente, sin exclusiones, capaz de garantizar el ejercicio, sin restricciones, de las libertades políticas y sindicales y de los derechos ciudadanos, abriendo un período constituyente que desemboque en la consulta popular determinante de la forma de Estado y de Gobierno".* [75]

El PSOE establece una serie de condiciones mínimas para llegar a la integración de los dos organismos de la oposición: soberanía popular, régimen democrático, libertades, cambios estructurales socioeconómicos y culturales, estructura federal del Estado, movilización popular y disolución del aparato represivo. [76] La mayoría de estos puntos son abstracciones o ilusiones (*soberanía popular,* el pueblo es una abstracción y la soberanía la tiene quien tiene el monopolio legal de la violencia, el Estado), lugares comunes (*régimen democrático, li-*

[74] Mundo Obrero, nº 25, 1975
[75] Mundo Obrero, nº 29, 1975
[76] El Socialista, nº 49, 1975

bertades) y objetivos secundarios por sobrentendidos (*movilización popular*). Sin embargo, hay dos condiciones que sí son importantes en un programa común de la oposición porque incluye un objetivo ideológico (*cambios estructurales socioeconómicos y culturales*) y de la organización territorial del Estado (*estructura federal*). Estos dos puntos no serían aceptados y no se incluirían en el programa de Coordinación Democrática o Platajunta. Es significativo que el PSOE aceptara finalmente que no se incluyera en el programa de la Platajunta este punto, el federalismo, que parece formar parte de sus genes ideológicos de partido.

Con el deterioro de la salud del General Franco y la asunción de la jefatura del Estado en funciones por el Príncipe Juan Carlos el compromiso entre la Junta y Plataforma se hace más firme. El 30 de octubre emiten un comunicado conjunto llamando al cumplimiento de la alternativa democrática, se dice que se dirigirán las acciones a la consecución de los objetivos primordiales de amnistía, libertades, etc., así como el de la ruptura democrática: *"mediante la apertura de un período constituyente, que conduzca, a través de una consulta popular, basada en el sufragio universal, a una decisión sobre la forma del Estado y del Gobierno".*[77]

Durante los meses siguientes, tras la muerte del General Franco y la proclamación de Juan Carlos, Rey y Jefe del Estado, Junta y Plataforma, de manera conjunta, emitirán declaraciones, convocarán manifestaciones y se creará un comité de coordinación. El día 20 de enero de 1976 hay una manifestación en Madrid encabezada por miembros de la Junta y Plataforma a la que acuden miles de personas[78], a ésta seguirán numerosas huelgas los meses siguientes por toda

[77] Mundo Obrero, n° 35, 1975
[78] Mundo Obrero, n°4,1976

España; el 30 de enero el Comité de Coordinación de la Junta Democrática de España y Plataforma de Convergencia Democrática en un comunicado rechazan el programa de gobierno de Arias expuesto en las Cortes el día 28; el 8 de marzo de 1976 Plataforma de Convergencia de Madrid y la Junta Democrática de Madrid hacen público un comunicado condenando los sucesos de Vitoria, en los que resultan muertas cinco personas por disparos de la policía.

Pero los partidos firmaban declaraciones sin una voluntad de hacerlas cumplir. Días antes de la declaración conjunta del 30 de octubre de 1975 realizada por la Junta y Plataforma, Felipe González tenía una entrevista con el embajador Stabler en la que manifestaba lo contrario de lo que se decía en la declaración, no había una intención de realizar la ruptura democrática, el PSOE *no iba a obstruir* el proceso de reforma. González enfatizó ante el embajador que *"el PSOE estaba dispuesto a dar a Juan Carlos una oportunidad para llevar el país hacia un sistema democrático"*, creía el Secretario General del PSOE que *"la mayoría de los grupos de la oposición también adoptarían una postura de esperar y ver y que no causarían problemas. El Partido Comunista también compartía esta postura, aunque su líder Santiago Carrillo hacía declaraciones contradictorias casi cada día"*. Dar una oportunidad a Juan Carlos significaba renunciar por completo a la ruptura democrática, renunciar al periodo constituyente y a la consulta sobre la forma del Estado. Decía González que *"en algún momento el pueblo tendrá que votar si quiere mantener la Monarquía, los primeros meses de Juan Carlos como rey serán decisivos para conformar a la opinión pública en este tema"*, pero esto sólo hace reafirmar su escasa o nula voluntad de celebrar una consulta sobre la forma del Estado. Asimismo, se renuncia a la formación de un gobierno provisional que asegure que el período constituyente se desarrolle con todas las garantías: *"González añadió que la postura del PCE insistiendo en un gobierno provisional formado principalmente por los grupos de la oposición era una locura y una propuesta inviable para España en estos momentos y que el PSOE estaba en contra".* Esto se lo decía Felipe González al embajador Stabler el 25 de octubre[79], la declaración de la Junta y Plataforma que hace una defensa inequívoca de la ruptura democrática tiene fecha del 30 de octubre.

Por un lado, el PSOE y la Democracia Cristiana llegaban a acuerdos con los grupos de la Junta Democrática y por otro seguían los contactos y negociaciones con el gobierno. En marzo de 1976 se precipita la unión de Plataforma de Convergencia y la Junta Democrática. Y esto se produce por el fracaso de las negociaciones del PSOE con el gobierno al no conseguir la representación proporcional. Fraga era partidario del sistema mayoritario. Pero también tiene lugar la unidad de los dos organismos de la oposición al régimen en el contexto de los sucesos de Vitoria.

Presentación de Coordinación Democrática

El día 26 de marzo de 1976 se presenta a la prensa el programa de Coordinación Democrática. Como firmantes aparecen: PSOE, Comisiones Obreras, Grupo Independiente, Movimiento Comunista, Partido Carlista, PCE, Partido Socialdemócrata, PSP, Partido del Trabajo de España, UGT y Unión Socialdemócrata Española. Otros grupos dejan la firma pendiente de ratificación, son la Izquierda Democrática de Ruiz Giménez y el Partido Demócrata Popular. Vuelve a reafirmarse en el documento la alternativa democrática y el

---

[79] Cable 1975MADRID07481_b

programa de ruptura democrática. Como objetivos principales el nuevo organismo fruto de la unión de la Junta Democrática y de Plataforma de Convergencia plantea:

"1. La inmediata liberación de los presos y detenidos políticos y sindicales sin exclusión, el retorno de los exiliados, y una Amnistía que restituya en todos sus derechos a los privados de ellos por motivos políticos o sindicales.

2. El eficaz y pleno ejercicio de los derechos humanos y las libertades políticas consagradas en los textos jurídicos internacionales, especialmente la de todos los Partidos políticos, sin exclusión alguna.

3. El reconocimiento inmediato y pleno de la libertad sindical y el rechazo del actual sindicato estatal.

4. El pleno, inmediato y efectivo ejercicio de los derechos y de las libertades políticas de las distintas nacionalidades según las exigencias de una Sociedad Democrática.

5. La realización de la ruptura o alternativa democrática. La apertura de un periodo constituyente, que conduzca, a través de una consulta popular, basada en el sufragio universal, a una decisión sobre la forma del Estado y del Gobierno; así como la defensa de las libertades y derechos políticos durante este periodo."[80]

La formación de un gobierno provisional durante el periodo constituyente también se incluye: "establecimiento, en el momento de la ruptura, de órganos de poder ejecutivo de amplia coalición, sin exclusiones ni obligatoriedades, que garanticen el pleno uso de las libertades y derechos democráticos, y la

[80] Según el texto de El Socialista n°, 60, 1976

apertura y desarrollo del proceso constituyente hasta la transmisión de poderes a los órganos de poder ejecutivo o de gobierno que resulten constitucionalmente elegidos".

Resulta significativo que el punto cinco, el que describe con toda claridad la ruptura, no apareciera en la publicación que Mundo Obrero, en su número 13 de marzo, hizo de la declaración de Coordinación Democrática, sí aparece sin embargo en El Socialista, versión del texto que se ha transcrito. En la versión del órgano del Partido Comunista el punto cinco de la ruptura es sustituido por otro que dice: "El funcionamiento de un poder judicial único e independiente según las exigencias de una Sociedad Democrática". Además, el punto que habla de nacionalidades está redactado de manera diferente: "El pleno, inmediato y efectivo ejercicio de los derechos y de las libertades políticas de las distintas nacionalidades y regiones del Estado Español". Es extraño que no se incluyera el punto de la ruptura, en cuanto es esencial en el programa de alternativa democrática. Mundo Obrero lo publicó en el número 15, en abril, como una nota de fe de erratas, excusándose por el error.

Este programa es el primero de los organismos unitarios de la oposición en el que queda planteada la ruptura democrática en su significado pleno. Libertades, amnistía, gobierno provisional, periodo constituyente, consulta popular sobre la forma de Estado y de Gobierno. Ninguna de estas condiciones se cumplió previamente a las elecciones de junio de 1977, algunas fueron cumpliéndose gradualmente y otras jamás se dieron.

Como en el programa de la Junta Democrática se propugnaba una consulta sobre la forma de Estado y en el programa de Plataforma, una consulta sobre la forma de Gobierno, puede llevar a pensar que ambos objetivos significaban cosas diferentes. Los dos organismos de la oposición se refieren a lo mismo en realidad, a un referéndum para elegir entre república o monarquía. Ahora bien, en el programa de Coordinación Democrática, sí significaban cosas distintas, y aquí puede verse la influencia de García-Trevijano, coordinador del nuevo organismo. La forma de Estado ahora se emplea sólo para referirse a la forma republicana o monárquica, y la forma de Gobierno a si este será presidencialista o parlamentario.

Reacciones

El anuncio de la creación de Coordinación Democrática causó gran irritación en el Gobierno, sobre todo en su ministro de Interior Manuel Fraga Iribarne. No sólo porque la oposición más moderada se había unido a los comunistas sino porque se producía en un momento en el que los socialistas y los demócratas cristianos estaban en negociaciones con el gobierno. El embajador estadounidense Wells Stabler relata en un cable confidencial[81] un encuentro con Fraga el cinco de abril: *"Fraga se mostró considerablemente irritado por la decisión del demócrata cristiano Ruiz Giménez y el socialista Felipe González de aceptar una coalición con la dominada por los comunistas Junta Democrática. Esto se ha producido en un momento en el que el gobierno estaba negociando con estos grupos y demostraba lo poco de fiar que son estas personas en cuestión. Fraga dijo que Ruiz Giménez se dejó influir por el hecho de que sus hijos son comunistas y por la oferta que se le ha hecho de ser presidente de un 'Gobierno Provisional' si la oposición llega al poder. Respecto a Felipe González, Fraga comentó que González había manifestado a*

---

[81] Cable 1976MADRID02645_b

los enviados del gobierno que no deseaba hacer causa común con los comunistas. Este cambio en su manera de pensar en tan corto espacio de tiempo demostraba que no era de fiar. Fraga dijo que el partido socialdemócrata alemán, que da a González un importante apoyo financiero, intentaría persuadirle." No hay ninguna duda de que el PSOE y la democracia cristiana negociaban con el gobierno mientras desempeñaban su actividad en los organismos de la oposición.

Sigue Stabler diciendo: "*En relación con los comunistas Fraga señaló que el Gobierno ha dejado claro que si no hacen ruido durante un año y medio, entonces el Gobierno estará dispuesto a replantearse el veto actual contra ellos. Por desgracia, los comunistas estaban haciendo justo lo contrario y esto, a su vez, provocaba a las fuerzas derechistas*". Esto indica que ya bajo el gobierno de Arias se había asumido que habría que legalizar al Partido Comunista tarde o temprano, lo que se pretendía era que se quedara al margen del proceso político de transición hacia la democracia. Un año y medio es el tiempo que se preveía necesario para completarlo y querían que el PCE no diera problemas durante ese tiempo. Pero era poco realista pretender que el PCE aceptara echarse a un lado hasta entonces.

Una semana después de hablar con Fraga, Stabler recibe a Ruiz Giménez y dos de sus compañeros de partido en Izquierda Democrática. Escribe el embajador[82]: "*Ruiz Giménez parecía casi a la defensiva, incluso arrepentido, respecto a Coordinación Democrática (Platajunta) y dedicó gran parte del tiempo a explicar por qué no estaban 'locos' por haberse metido en este limitado mecanismo de cooperación que incluye a los comunistas. Indicó que las condiciones que su*

---

[82] Cable 1976MADRID02908_b

partido y el de Gil Robles, el FPD, habían impuesto para en-
trar podrían incluso hacer que la Platajunta no llegara a ser
una realidad. La condición de que la Platajunta debe explí-
citamente rechazar la violencia hará que sean expulsados
algunos grupos extremistas, como el MCE (Movimiento Co-
munista Español). Otra condición podría generar proble-
mas para los comunistas, el requisito de que la Platajunta
tome cualquier decisión por voto unánime, algo que daría a
los moderados un derecho de veto. (Nosotros señalamos que
igualmente daría al PCE un derecho de veto). Stabler hace
notar que durante la entrevista no se mencionaron *"los viejos*
eslóganes de 'ruptura' o 'asamblea constituyente' sino que se
dio más bien importancia a un referéndum que legitimara y
sentara las necesarias reformas". Y concluye el embajador:
"Sólo podemos juzgar por esta conversación que Ruiz Gimé-
nez, en lo que respecta a la Platajunta, siente que ha ayu-
dado a crear un monstruo que ha provocado una fuerte
reacción tanto en la extrema derecha como en el gobierno, y
que habla en términos mucho menos dogmáticos que en el
pasado".

La creación de la Platajunta fue más bien un golpe de efecto
para presionar al gobierno debido al fracaso de las negociaciones que se estaban llevando a cabo y la no concesión de la
representación proporcional. No hay que desdeñar otros factores, como la represión policial y los sucesos de Vitoria, por
ejemplo, que provocaron una repulsa general en la oposición
y contribuyeron a reforzar un sentimiento de solidaridad
frente al régimen. Sin embargo, el hecho de que la Platajunta
naciera ya con un mecanismo de autodestrucción en marcha
y no llegara a funcionar como un consistente organismo unitario, que los principales partidos firmantes no creyeran sinceramente en los objetivos de su programa, en la ruptura democrática, objetivos que no tenían ninguna intención de

cumplir como demuestran las manifestaciones tanto privadas como públicas de los jefes de partido, hacen pensar que su creación fue más un gesto de fuerza para presionar al gobierno por parte de la oposición para conseguir algunas de sus exigencias, como la ansiada representación proporcional que el siguiente gobierno de Suárez les concedería. Yáñez, de la Ejecutiva del PSOE, se justificaba[83] ante los estadounidenses diciendo que *"el mismo Gobierno era responsable de la creación de la Platajunta, porque la Platajunta nunca habría llegado a existir si el Gobierno hubiera actuado sin demora después de la muerte de Franco e implementado verdaderas reformas democráticas en lugar de perder cinco meses. La inacción y la vacilación del Gobierno, irónicamente, había causado que el FPD de Gil Robles, radical anti comunista, aceptara pedir entrar en la Platajunta"*. Por otra parte, los funcionarios de las embajadas estadounidenses de Francia y España creen que la adhesión del PSOE a la Platajunta se debe a la influencia de Mitterrand, escribe Stabler[84]: *"Aunque González ha ampliado e intensificado los lazos del PSOE con el Partido Socialdemócrata Alemán y los partidos socialdemócratas o socialistas escandinavos -los cuales se oponen a la colaboración con los comunistas- el PSOE ha establecido un fuerte vínculo con los socialistas franceses. [...] De acuerdo con lo que hemos oído, el PSOE ha quedado impresionado por los argumentos tácticos para la alianza de los socialistas franceses con el PCF[85] que se considera ha resultado, proporcionalmente, en unas mayores ganancias organizativas y electorales para Mitterrand y sus seguidores que*

[83] Cable 1976MADRID03329_b
[84] Cable 1976MADRID03158_b
[85] El texto original dice PCP, probablemente un lapsus debido a que Stabler alude en el cable a un encuentro de Mitterrand con González a mediados de marzo que tuvo lugar en Oporto, Portugal, por lo que seguramente estaba pensando en el Partido Comunista Portugués.

para los comunistas. Esto, probablemente más que cualquier otro factor, influyó más en González en su decisión de unirse a Coordinación Democrática".

El Gobierno había prohibido la conferencia de prensa de Coordinación Democrática que anunciaba su creación y programa. A pesar de ello algunos integrantes del nuevo organismo desafiaron la prohibición e hicieron un intento de presentación a la prensa. Así pues, el día 29 de marzo de 1976, día que se había fijado para la convocatoria de una rueda de prensa fueron detenidos seis personas: el coordinador de la Platajunta y presidente del grupo de los independientes, Antonio García-Trevijano; Marcelino Camacho, de CCOO; Francisco Javier Solana, del PSOE; Raúl Morodo, del PSP; Nazario Aguado, del Partido del Trabajo y Francisco Javier Álvarez Dorronsoro, del Movimiento Comunista de España. Los dos miembros socialistas de Coordinación Democrática detenidos fueron puestos en libertad ese mismo día. Los otros cuatro ingresaron en prisión acusados de un delito contra la forma de gobierno. Es llamativo que siendo todos por igual partícipes de la acción delictiva, fueran puestos en libertad los socialistas y quedaran en prisión los miembros de grupos comunistas junto con un independiente, el coordinador del nuevo organismo. Esta arbitrariedad se explica porque el ministro del Interior, Fraga Iribarne, no aceptaba la presencia de comunistas en el nuevo organismo de la oposición junto a los grupos moderados en negociación con el gobierno. Las detenciones no fueron bien recibidas por otros miembros del gobierno, como el ministro de Exteriores, Areilza, pero Fraga se explicaba diciendo que todos los detenidos eran comunistas y que no existían discrepancias entre él y Areilza.[86] Este trato de favor que el PSOE recibía del gobierno era tan evi-

---

[86] Cable 1976MADRID02645_b

dente que hasta preocupó a los propios socialistas porque podía llegar a ser perjudicial para ellos, así se lo expresaba el miembro de la Ejecutiva del PSOE, Luis Yáñez, a los funcionarios de la Embajada de los Estados Unidos a finales de abril de 1976. Stabler lo relata de esta manera: *"Yáñez afirmó que el PSOE puede haber estado perdiendo militantes desde la muerte de Franco debido a las tácticas discriminatorias del Gobierno dirigidas contra el PCE y la simultánea tolerancia hacia el PSOE y otros grupos de la oposición moderada, lo cual le da al PCE la ventaja para sostener que es la única oposición real. Opinó que el PCE puede tener ahora más partidarios que en el momento de la muerte de Franco debido a las acciones del Gobierno. Sin embargo, el PCE, no obtendría nunca más de un 10-15 de porcentaje de voto en unas elecciones libres".*[87]

Los tres miembros de la Platajunta que podían ser calificados de comunistas por la pertenencia a Comisiones Obreras, Partido del Trabajo y Movimiento Comunista de España obtuvieron la libertad condicional a los dos meses, el 25 de mayo; y, sin embargo, el miembro independiente, García-Trevijano, permaneció en prisión una quincena más, hasta el 12 de junio.

Crisis

Las tensiones entre los diferentes integrantes de Coordinación Democrática fue un hecho evidente desde su constitución y fueron en aumento durante el tiempo en que estuvo activa. El principal enfrentamiento ocurrió entre el PSOE, Izquierda Democrática y Partido Socialista Popular contra el

---

[87] Cable 1976MADRID03329_b

Grupo Independiente que cambiaría su nombre más tarde por el Demócratas Independientes del que García-Trevijano era presidente.

Antonio García-Trevijano fue el artífice de la Junta Democrática y como coordinador de Coordinación Democrática o Platajunta su papel era determinante en la actividad de esta. En este cable de la embajada estadounidense se lee: *"El comunicado de la Platajunta, que se produce después de un extendido periodo de relativa inactividad por parte de la coalición, puede estar directamente relacionado con la reciente liberación de la cárcel del incondicional miembro de la oposición Antonio García-Trevijano, que es seguro que está trabajando para traer de vuelta a la Platajunta a la primera página"*.[88]

Lo que reflejaban en realidad las tensiones entre los integrantes de la Platajunta era el malestar creciente de esos partidos por someterse al programa de la ruptura democrática que habían firmado y la evidencia de un deseo de sumarse a la reforma del gobierno para participar en las elecciones de 1977 abandonando la aspiración incluso del requisito de libertades previas.

El cable del 25 de septiembre de 1976 con título *"El PSOE se marcha de una reunión de la Platajunta"*, pone de manifiesto lo dicho: *"Este asunto García-Trevijano, aunque tiene una dimensión moral obvia, es fundamentalmente una manifestación del hecho de que la perspectiva de unas significativas elecciones para junio está exacerbando las siempre presentes diferencias internas de la Platajunta. El PSOE, PSP e ID, que creen que tienen mucho que ganar en el proceso electo-*

[88] Cable 1976MADRID05040_b

ral con el que el gobierno se ha comprometido, ven un importante interés común entre gobierno y oposición. Por otro lado, el PCE, que aparentemente será excluido, al menos con sus siglas, tiene poco que ganar de la celebración de las elecciones; los pequeños grupos de extrema izquierda y oportunistas políticos sin representación significativa tienen aún más que perder". [89] Stabler relata la opinión que tenían los socialistas y otros de Trevijano: *"Desde el punto de vista de los miembros no extremistas de Platajunta, García Trevijano ha sido una manzana de la discordia desde que se formó la coalición. Él es un oportunista político que no representa a nadie más que a sí mismo, un hombre de dudosa reputación presuntamente implicado en turbios negocios como representante legal en Madrid del polémico Gobierno de Guinea Ecuatorial".*

El "asunto García Trevijano" hacía referencia al conflicto entre el PSOE y el abogado independiente. La prensa publicó un artículo en el que García-Trevijano hablaba de la actuación de algunos partidos dentro de Coordinación Democrática (PSOE, PSP e ID), atribuyéndole la frase: *"no se puede pretender estar a las duras en Coordinación y a las maduras de forma individual"*, es decir, duros contra el gobierno dentro de la Platajunta, pero blandos en sus declaraciones individuales fuera de ella. El PSOE atacó a García-Trevijano con una dura declaración pública acusándole de difamación calumniosa y manifestando que el PSOE no reconocía catadura moral ni política a García-Trevijano.

En cuanto al PCE, este terminaría apoyando las tesis del PSOE antes incluso de ser legalizado (9 de abril de 1977). El abandono de los puntos bajo los que se había constituido Coordinación Democrática queda recogido en la prensa del

---

[89] Cable 1976MADRID07342_b

momento. Dice el artículo de Pueblo de 16 de octubre de 1976 que cubre una reunión del comité ejecutivo de Coordinación Democrática que debate el documento elaborado por la Plataforma de Organismos Democráticos: *"Punto y aparte está el Partido Comunista, que últimamente ha pasado a apoyar a los socialistas y democristianos, en vez de reforzar las posturas de García-Trevijano, al lado del cual han estado hasta que se produjo el contencioso del PSOE con el líder de los independientes"*. Se abandona la aspiración de un periodo constituyente y libertades previas a las elecciones: *"El punto siete del documento trata de la elección de una asamblea constituyente y de la forma de Estado y de gobierno. En este caso, tanto el PSP, como el PSOE e ID abogaron para que se suprimiera totalmente, por las mismas causas que alegó el PSP en el quinto: no se puede ir a pactar con el Gobierno si desde el primer momento se va a cuestionar a la Monarquía y al Gobierno. Finalmente, se debatió el artículo tercero, que habla de las elecciones y que viene a resaltar que aquéllas no serán democráticas mientras no se cree un Gobierno provisional y una ley electoral pactada por todas las fuerzas políticas. El Partido Socialista Obrero Español optó por la supresión del mismo"*.

Estos puntos son los que propugna una nueva plataforma: la Plataforma de Organismos Democráticos, constituida por Coordinación Democrática y diversas organizaciones democráticas regionales en octubre de 1976. En la elaboración de estos puntos, reunidos los organismos unitarios el 25 de septiembre en Valencia, Coordinación Democrática estuvo representada por García-Trevijano y Sánchez montero (el PSOE no otorgaba capacidad de representación a García-Trevijano), el programa inicial era el siguiente:

1. Formación inmediata de un Gobierno de amplio consenso

democrático, que abra, presida y garantice el proceso constituyente del Estado

2. Legalización simultánea de partidos políticos y organizaciones sindicales sin exclusiones.

3. Reconocimiento del pleno ejercicio de las libertades de expresión, reunión, manifestación y huelga.

4. Completa libertad para los presos políticos, libre retorno de los exiliados y amnistía laboral.

5. Reconocimiento de las aspiraciones a Estatutos de autonomía de las nacionalidades y regiones que los reivindiquen y que se doten de la organización política adecuada para garantizar su proceso autonómico durante el periodo constituyente del Estado, restableciéndose provisionalmente para los casos específicos de Catalunya, Euskadi y Galicia, los principios e instituciones configurados en sus Estatutos, aprobados o plebiscitados, y formando sus respectivos Gobiernos de autonomía.

6. Aplicación de un programa económico concertado contra la inflación y el paro y de reactivación del proceso productivo, que permita la superación de la crisis con la participación de los sectores sociales más afectados por la misma.

7. Tras un plazo razonable de ejercicio de todas las libertades públicas, y mediante consulta popular y convocatoria de elecciones a una asamblea constituyente, la soberanía popular resolverá la forma de Estado y la forma de Gobierno.

8. Derogación de todas las leyes e instituciones que se oponen a estos principios de liberación política.

En la reunión del comité ejecutivo de Coordinación Democrática para debatir estos puntos -con García-Trevijano ausente porque el PSOE no lo aceptaba- se rechazan algunos de estos puntos como se ha relatado más arriba. Coordinación Democrática estaba en crisis. La táctica que adoptó el PSOE se revela en este cable del cuatro de octubre de 1976: *"El PSOE, junto con el Partido Socialista Popular (PSP) y la demócrata cristiana 'Izquierda Democrática (ID) rechaza participar en más encuentros de la Platajunta hasta que el 'independiente' y controvertido Antonio García Trevijano no sea expulsado de la coalición. Según Múgica, en cualquier caso, si García Trevijano se queda, el PSOE, PSP e ID permanecerán fuera de la Platajunta lo que provocará su colapso; si como es más probable, García Trevijano se va, los problemáticos partidos de extrema izquierda de la coalición se quedarán sin 'portavoz', y con suerte saldrán corriendo como resultado, haciendo a la Platajunta manejable".*[90] Pero el propio García-Trevijano niega en una entrevista publicada en Ya el siete de octubre de 1976 prestar un apoyo especial a los grupos minoritarios: *"Dentro de Coordinación yo mantengo mis tesis, que unas veces coinciden con unos y otras con otros".* En el mismo artículo manifiesta que el principal motivo de las discrepancias con el PSOE respecto al "documento de la ruptura" o "documento de Valencia" está en el debate sobre nacionalidades y regiones y afirma: *"no soy federalista ni defiendo el principio de autodeterminación".*

Tanto el PSOE como el PCE compartían el pensamiento de que el protagonismo político debía recaer en los partidos políticos, no en individuos. Es esta una tendencia propia de la naturaleza de los partidos y de toda organización. Desde el principio el PSOE se mostró contrario a la presencia de personalidades por muy independientes que fueran, esa era una

---

[90] Cable 1976MADRID07578_b

de las objeciones por las que mantuvo una posición alejada de la Junta Democrática. Se dice en este cable: *"El PSOE tiene tres objeciones contra la Junta Democrática: A) El PSOE no fue nunca consultado sobre la formación de la Junta, la cual les fue presentada como un hecho consumado; B)La Junta Democrática es una coalición de autodenominadas 'fuerzas' e individuos, no una oposición de partidos políticos; y C)El PSOE cree que la Junta Democrática es mayormente una coalición comunista con una fachada capitalista burguesa".*[91] Y, aunque en un principio Carrillo defendió a las personalidades de la Junta por las ventajas que suponía para el Partido pertenecer a este organismo de la oposición en el que algunas personalidades de la burguesía desempeñaban un papel relevante, ventajas como la presentación del Partido en sociedad y la ganancia de credibilidad democrática, en octubre de 1975 ya reveló su disposición a tratar en exclusiva con los partidos en la entrevista al diario italiano Unitá antes referida.

Esta suspicacia de los partidos respecto a los demócratas independientes motivó que estos se unieran bajo un grupo político, el Grupo Independiente que luego pasaría a llamarse Demócratas Independientes. La democracia que García-Trevijano defendía era una república presidencialista con elecciones separadas para elegir por sufragio directo al Presidente del Gobierno y para elegir al diputado de la Asamblea.

La oposición había recorrido un camino de unión de fuerzas. Empezó la Junta Democrática, un año más tarde le siguió Plataforma de Convergencia. De su unión resultó Coordinación Democrática o Platajunta, y con la suma de diversos grupos

[91] Cable 1975MADRID01142_b

regionales se constituyó la Plataforma de Organismos Democráticos.

Por parte de aperturistas del régimen se creó una agrupación política bajo la forma de sociedad anónima, Fedisa, Federación de Estudios Independientes S.A. en julio de 1975, cuyo propósito en principio era estudiar los problemas políticos, sociales y económicos de España. Su creación fue una respuesta de rechazo al planteamiento de las asociaciones políticas. El Gobierno se molestó por este paso dado por algunas figuras del régimen, antiguos miembros del gobierno y moderados. Entre sus fundadores se encontraban: Manuel Fraga, embajador en Londres por entonces; José María de Areilza, que había sido embajador en Washington y París o Pío Cabanillas, ex ministro de Información y Turismo. En una declaración que hicieron pública manifestaban que *"las libertades públicas y la organización de la democracia formal eran pre condiciones esenciales para hacer posible que los españoles vivan juntos en paz"*. En el cable que hace mención a esta noticia se dice también que una fuente de Fedisa dijo que esperaba que un objetivo final sería buscar posicionarse junto a Plataforma de Convergencia, por otro lado, una fuente de Plataforma dijo que la coalición *"rechazaría cualquier intento de acercamiento de Fedisa, a cuyos organizadores consideran 'oportunistas del régimen'"*.[92] Sobre Fraga los estadounidenses opinaban: *"aunque muy competente y un intelectual liberal, es -claramente para todos- un autoritario visceral"*.[93] Fraga fue también el fundador de GODSA (Gabinete de Orientación y Documentación, SA), un grupo de estudio de asesoramiento político que debía servir como base organizativa de un futuro partido político de centro derecha que se llamaría Reforma Democrática, cuyo programa se derivaba del

[92] Cable 1975MADRID05037_b
[93] Cable 1978MADRID01664_d

pensamiento político de Fraga y se dio a conocer en febrero de 1976.[94]

La Plataforma de Organismos Democráticos siguió existiendo, pero el peso político lo tuvo la llamada Comisión de los Nueve, la Comisión Negociadora de la Oposición Democrática. Se sumarían más grupos a esta, como el grupo vasco de Arzallus llamándosela Comisión de los Diez. Fue la que se encargó de negociar con el gobierno de Suárez. Y fruto de estas negociaciones, sumada la oposición a la reforma del gobierno, siguió desarrollándose la Transición: normas electorales, elecciones generales, Constitución.

La Comisión de los Nueve estaba compuesta por Enrique Tierno Galván (Partido Socialista Popular), Felipe González (Partido Socialista Obrero Español), Joaquín Satrústegui (Alianza Liberal), Francisco Fernández Ordóñez (Federación Social Demócrata), Antón Cañellas (Equipo Demócrata Cristiano del Estado Español), Jordi Pujol (Convergencia Democrática de Cataluña), Julio Jáuregui (Partido Nacionalista Vasco), Valentín Paz Andrade (Partido Democrático Gallego), Santiago Carrillo (Partido Comunista de España).

El grupo de los Demócratas Independientes de García-Trevijano se desvinculó de estas negociaciones, también otros grupos minoritarios. La reforma venció a la ruptura democrática.

La idea de crear un grupo negociador en representación de la oposición fue previa incluso a la constitución de la Plataforma de Organismos Democráticos. Stabler relata una conversación con Felipe González en agosto de 1976: *"González está convencido de que Suárez continuará las consultas con*

---

[94] Cable 1976MADRID01512_b

la oposición sobre la forma y el tempo de la reforma. A pesar de las dificultades, la oposición necesita elegir un grupo negociador de unos diez o doce representantes de los partidos importantes para negociar, en nombre de la oposición, con el Gobierno. Estos representarían las principales tendencias políticas de la oposición y quedarían excluidos los pequeños partidos de extrema izquierda y los individuos oportunistas que han dado al PSOE tanto ardor de estómago dentro de la Platajunta".[95] Por individuos oportunistas se refería González sin duda alguna a García-Trevijano.

García-Trevijano, firme defensor de los principios a los que se habían comprometido los grupos de la oposición en la Junta Democrática y Coordinación Democrática, de la ruptura democrática y, por tanto, contrario a aceptar sumarse a la reforma del gobierno y pactar con este, se convirtió en un obstáculo para los partidos de la oposición que deseaban integrarse en el proceso de reforma, y por supuesto, también para el Gobierno. Las acusaciones del PSOE vertidas contra él sobre negocios sucios y trabajos realizados para el régimen de Macías en Guinea destruirían su credibilidad política y despejarían el camino para el entendimiento entre los partidos y el Gobierno.

El cable de la embajada estadounidense de veinte de diciembre que habla del PSOE menciona este asunto y dice: *"En el pasado el PSOE, después de todo, había seguido un curso zigzagueante (que le ha costado credibilidad pública) balanceándose a la izquierda y a la derecha (por ejemplo: la destrucción muy beneficiosa de la credibilidad de García-Trevijano como figura política seguido de una colaboración más estrecha con el PCE)".*[96] Los americanos vieron de manera

[95] Cable 1976MADRID06168_b
[96] Cable 1976MADRID09549_b

positiva que el PSOE destruyera la credibilidad política de García-Trevijano, se creyeron las difamaciones contra García-Trevijano o deseaban que la ruptura democrática no triunfara. En el cable con fecha de treinta de septiembre de 1976, es decir, seis días después de que se publicara en prensa el ataque del PSOE a García-Trevijano acusándole de difamación calumniosa, los americanos afirman: *"por la parte buena, el PSOE ha empezado a atacar a algunas de las más exóticas figuras que inhiben a la Platajunta"*.[97]

Sin duda alguna los americanos deseaban ver a García-Trevijano apartado del protagonismo político. Cuando el gobierno se estaba planteando dejar sin efecto la calificación de materia reservada para los temas concernientes a las relaciones con Guinea Ecuatorial, siendo una de las razones el asunto García-Trevijano, dice el ministro consejero Samuel D. Eaton que no deseaban que García-Trevijano se librara.[98]

El Socialista publica en el mes de octubre de 1976, cuando se desclasifica la materia reservada de Guinea y se lanza la campaña de difamación contra García-Trevijano, un artículo que, aunque escrito en un estilo oscuro, puede entenderse que se alude al abogado. Titulado *"Crisis y unidad"* dice: *"Ahora, quiérase o no, es el momento del realismo. Ahora, lo que importa es salir de un discurso político cargado de grandes expresiones democráticas, pero que no concretan el cómo, ni el cuándo, del proceso constituyente que nos conduzca a la democracia. No vamos a negar la dificultad que supone conseguir un consenso de toda la oposición acerca de los puntos concretos que articulen la alternativa a la dictadura. Pero si a esta dificultad inicial unimos las actitudes arrogantes de quienes confunden el comportamiento democrático con el*

---

[97] Cable 1976MADRID07492_b
[98] Cable 1976MADRID07596_b. Las palabras que emplea Eaton son: *"We have no wish to see García Trevijano spared"*.

democratismo de los iluminados; si, por tener que ocultar comportamientos propios de un fascismo terrorista hay quién tiene que comprar la imagen de un mártir de la democracia la dificultad inicial se complica hasta el punto de poner en peligro la unidad de toda la oposición, y lo que es más grave, la salida a la democracia. Por todo eso, los socialistas aún a pesar de las dificultades, y porque lo primero sigue siendo la unidad de las fuerzas democráticas vamos a seguir luchando porque se haga realidad lo que el pueblo espera de nosotros. Y esto no es otra cosa que el realismo".[99]

[99]El socialista, n°72, 1976

Ruptura democrática y ruptura pactada

Antes incluso del anuncio de la creación de Coordinación Democrática ya se hablaba de ruptura pactada. En marzo de 1976 el Partido Comunista hace públicas *cuatro proposiciones para resolver el problema político*, en la primera proposición se urge a la unión de la Junta Democrática y Plataforma de Convergencia -ambos organismos ya habían anunciado su próxima unión en un nuevo organismo unitario- que tendrá como objetivo pactar la ruptura: *"La oposición solo podrá pactar la ruptura si actúa unida"*.[100] En un principio el PCE la utiliza significando un entendimiento con los reformistas del Gobierno, el Ejército o la Iglesia para poder llevar a cabo la alternativa democrática de modo pacífico. Carrillo habla en abril en una conferencia de prensa de la necesidad de una *"ruptura democrática concertada, negociada"* pero todavía defiende el gobierno provisional, elecciones constituyentes y consulta sobre la forma de Estado y de Gobierno, esto es, las

[100] Mundo Obrero, nº 12, 1976

bases de la ruptura democrática.[101]

Sin embargo, el término ruptura pactada pronto significará otra cosa distinta, a saber, la renuncia a realizar la ruptura democrática y abrazar la reforma del gobierno. Porque, aunque se explique como una vía intermedia entre la ruptura democrática defendida por la oposición y la reforma del Gobierno viene a ser en definitiva el abandono de lo que significa la ruptura democrática. Por ejemplo, Rodríguez de la Borbolla explica en El Socialista[102] la ruptura negociada como la única solución entre cuatro posibles salidas: el inmovilismo del búnker, el reformismo continuista de Arias, el reformismo democrático de un sector del régimen representado por Garrigues o Areilza y la ruptura democrática. Para Rodríguez, si bien las dos últimas opciones conducen a la democracia estas no tienen posibilidades de triunfo por carecer del suficiente apoyo político y social. Cree Rodríguez de la Borbolla que la única salida no traumática es el entendimiento entre los reformistas democráticos del régimen y los grupos de la oposición.

Pero el inmovilismo no tenía ninguna posibilidad, el llamado búnker no tenía poder y era marginado dentro del propio régimen desde hacía muchos años. Arias fue fulminado por el sucesor del General Franco, el Rey Juan Carlos, no porque su reforma fuera continuista, por definición una reforma sólo puede ser continuista. Arias estaba llevando a cabo la reforma y se estaba negociando con la oposición, sin duda una de las causas del fracaso en las negociaciones fue la negativa a conceder el sistema proporcional a los partidos y la resistencia del Gobierno para dar pasos más decididos. Sólo existía una reforma, y esta era la que se realizaba desde el poder.

[101] Mundo Obrero, n° 14, 1976
[102] El Socialista, n° 63, 1976

Participar en el poder era lo que interesaba a los partidos incluso antes del cumplimiento de los puntos de la ruptura democrática. A las elecciones generales del 77 fueron los partidos sin que se hubieran dado las condiciones que se defendían en la alternativa democrática: ni restauración de las libertades, ni gobierno provisional, ni consulta sobre la forma de Estado. Sí se legalizaron los partidos, no todos, y eso pareció lo más importante. Posteriormente fueron consiguiéndose otras aspiraciones: amnistía, derechos civiles, etc.

Luis Yáñez, de la Ejecutiva del PSOE, contaba en abril de 1976 a los funcionarios de la Embajada estadounidense que tanto el PSOE como la oposición en general deseaban dialogar con el Gobierno. Escribe Stabler: *"El PSOE y la mayoría de los grupos de la oposición, aunque todavía creen en la 'ruptura' reconocen que tendrá que ser una 'ruptura pactada o negociada' con el Gobierno, que podría también denominarse 'alternativa pactada'. Por consiguiente, la necesaria ruptura con el pasado franquista podrá ser negociada para satisfacción de los reformistas del Régimen y no implicaría desde luego ninguna clase de ruptura traumática. Yáñez enfatizó que este diálogo no tendría que producirse entre el Gobierno y todos los grupos de la oposición, sino que quizás algunos grupos actuarían también en las negociaciones como intermediarios para otros grupos (entiéndase aquí el PCE) con los cuales el Gobierno encontraría difícil inicialmente sentarse y hablar. Yáñez añadió que él creía que parte del problema hasta ahora había sido que el Gobierno tenía una imagen distorsionada de la oposición, y admitió que la oposición, asimismo, había tenido una imagen distorsionada del Gobierno".*[103]

En cualquier caso, la ruptura en la que creían los partidos no

[103] Cable 1976MADRID03329_b

contenía la consulta sobre la forma de Gobierno, entendiéndose como la elección entre presidencialismo y parlamentarismo.

La ruptura pactada es definida de manera similar por socialistas y comunistas. En El Socialista, en mayo de 1976, se dice:
*"ruptura negociada significa la apertura de un proceso
constituyente con la conquista previa de las libertades políticas: partidos políticos, sindicatos libres, presos políticos en
la calle, vuelta de los exiliados, derechos de manifestación,
reunión y expresión".*[104] Y en Mundo Obrero, en junio de
1976: *"El PCE se atiene a su posición de ruptura democrática
pactada, cuyo significado es: libertades democráticas para
todos los partidos políticos sin excepción -entrañando el rechazo de la actual ley de asociaciones-, libertad sindical, libertades de prensa, reunión, manifestación y huelga; y
apertura de un período constituyente en que por medio de
elecciones auténticamente libres se elija una asamblea constituyente con poderes para elaborar una Constitución democrática".*[105] Periodo constituyente o proceso constituyente es
utilizado de manera ambigua por los partidos, se entiende
que debe resultar en una Constitución pero ya no se habla de
gobierno provisional o que ese periodo constituyente conduzca a la elección por sufragio universal de la forma del Estado o de Gobierno. En lo que ponen énfasis ambas definicio-
nes es en la legalización de los partidos políticos.

No existió en realidad una ruptura pactada o negociada sino
una reforma pactada o negociada.

Los partidos dejaron atrás las condiciones que planteaban
en los programas de la oposición, ya sea los de la Junta, Plataforma o Coordinación Democrática. Incluso las condiciones

[104] El Socialista, n° 63, 1976
[105] Mundo Obrero, n° 26,1976

planteadas bajo el nuevo concepto de ruptura pactada puesto que las elecciones de junio de 1977 se produjeron sin libertades previas, legalización de todos los partidos o amnistía completa. La evolución de la postura de los partidos respecto a la consecución de la ruptura democrática o respecto a su significado muestra que lo importante para ellos fue ante todo ser legalizados y participar en el poder.

Evolución del concepto de ruptura democrática

Antonio García-Trevijano afirma que creó y divulgó la expresión de ruptura democrática. Se inspiró en el concepto de ruptura de paradigma que Thomas Kuhn emplea en su libro *Estructura de las Revoluciones Científicas*. Aplicado a la política, la democracia vendría a ser el nuevo paradigma. Pero el PSOE reclamó la autoría del término en abril de 1975: *"La expresión 'ruptura democrática', acuñada por el PSOE, está hoy alcanzando una extraordinaria difusión. De ella se han apropiado las distintas organizaciones políticas, y no es raro que se utilice por quienes, mediante su empleo, quieren dar prueba de su sincero deseo de derrocar a la Dictadura"*.[106] Luis Yáñez, de la Ejecutiva socialista, dice en abril de 1976 que el PSOE acuñó el término y el concepto de ruptura democrática en la primavera de 1974.[107] El PSOE incluyó la expresión en la resolución política resultante del Congreso de Suresnes celebrado en octubre de 1974: *"El PSOE considera que la única salida a la presente situación consiste en la adecuada formulación de una ruptura democrática, en el establecimiento definitivo de un sistema de libertades y la construcción de un sistema de gobierno que emane de la vo-*

---

[106] El Socialista, nº 38, 1975
[107] Cambio 16, 12 de abril de 1976, Archivo Linz de la Transición Española.

luntad soberana del pueblo". Pero la expresión "ruptura democrática" ya estaba siendo utilizada en los meses previos, por el PSOE, y por los grupos y personalidades de la Junta Democrática. Juan Luis Cebrián, en un artículo para Informaciones en febrero de 1975, vincula la ruptura democrática con la Junta cuando aún no se había creado la Plataforma de Convergencia en la que destacaba el PSOE: *"La ruptura democrática preconizada por las alianzas anti-sistema (como la famosa Junta, de creación y gobierno indudablemente comunista) ..."*[108].

El concepto de ruptura democrática implicaba el restablecimiento de las libertades, un gobierno provisional, un periodo constituyente y una consulta sobre la forma del Estado. Condiciones similares habían sido propugnadas desde décadas atrás por el Partido Comunista y otras fuerzas, por ejemplo, en 1958, el PCE valora una propuesta recibida por *fuerzas antifranquistas de derecha* que consistía en apoyar un Gobierno de transición, con el restablecimiento de las libertades políticas sin exclusiones y una consulta popular a los tres años para elegir la forma del Estado.[109]

Como mejor queda definida la ruptura democrática y de una manera más completa es en los programas redactados por Trevijano, como el de la Junta Democrática y el de Coordinación Democrática. Fue en el programa de Coordinación o Platajunta como quedó definida de una manera más completa puesto que se añadía la consulta sobre la forma de Gobierno: *"La realización de la ruptura o alternativa democrática. La apertura de un periodo constituyente, que conduzca, a través de una consulta popular, basada en el sufragio universal, a una decisión sobre la forma del Estado y del Gobierno;*

---

[108] Informaciones, 20 de febrero de 1975, Archivo Linz de la Transición Española.
[109] Mundo Obrero, nº21, 1958

así como la defensa de las libertades y derechos políticos durante este periodo". A partir de esta definición de la ruptura democrática más que una evolución del concepto se produce una corrupción del mismo. Casi al mismo tiempo los partidos empiezan a decantarse por la ruptura pactada o negociada y esto responde a la predisposición de los partidos a una solución negociada.

El concepto que los partidos tenían de la ruptura democrática no fue claro ni constante. En febrero de 1975, el PSOE define la ruptura democrática como estrategia revolucionaria socialista: *"La línea política de ruptura democrática postulada por el PSOE es una línea revolucionaria porque es la única que se proporciona a sí misma, unos medios, las libertades democráticas, para -apoyándose en ellas- alcanzar un objetivo que se encuentra situado más allá: la democracia socialista".*[110] En julio de 1976, los socialistas afirman: *"La ruptura democrática significa la formación de una Asamblea constituyente libremente configurada por el pueblo, a través de elecciones a las que puedan concurrir todas las tendencias democráticas, sin exclusiones".*[111] Felipe González, en el discurso del XXVII Congreso del PSOE en diciembre de 1976: *"Nuestro partido venía definiendo la alternativa democrática como un proceso dialéctico de conquista de parcelas de libertad. La ruptura se daría, en nuestra opinión, como una combinación de factores entremezclados de presión y negociación".* González afirma que la ruptura democrática es identificada por la oposición con unas elecciones generales y limpias a un Parlamento Constituyente. De acuerdo a su concepto de la ruptura como proceso dialéctico propone un compromiso constitucional entre los partidos para participar en el proceso electoral aun no dándose las

---

[110] El Socialista, nº 33, 1975
[111] El Socialista, nº 67, 1976

condiciones exigidas para garantizar posteriormente *"la liquidación de todos los residuos autocráticos del franquismo"*.

El PCE asumirá la ruptura democrática según queda definida en los programas de la Junta y Coordinación, la defenderá, aunque no de una manera inequívoca, no al menos en todo momento. Marcelino Camacho decía en enero de 1976: *"La libertad nunca será un regalo. Ahora bien, nosotros no hemos sido partidarios del todo o el nada y saludaremos todo paso adelante, que lo den, eso ya es otra cosa".*[112] Esto resume bien la postura del PCE, hay una disposición a la negociación y a no cumplir la ruptura según es propugnada en los programas de los organismos unitarios siempre que el gobierno dé pasos favorables a la negociación. Continúa Camacho: *"La vía pacífica hacia la democracia exige una serie de condiciones: la amnistía, la derogación de las leyes de excepción, el fin de la represión, que los trabajadores no sean obligados a reunirse en las esquinas de las calles sino que puedan reunirse en las fábricas en los locales sindicales que son nuestros, nosotros los hemos pagado. El día que hagan todo esto nosotros diremos efectivamente que hay pasos adelante".*

El 9 de julio de 1976 el Comité Ejecutivo del Partido Comunista hace público el comunicado: *Amnistía, libertades, gobierno provisional,* en el que se define la ruptura democrática como: *"la desaparición de las Cortes, del Consejo del Reino, del Consejo Nacional, la promulgación de una amnistía para todos los delitos políticos, la instauración de todas las libertades políticas y derechos civiles sin discriminación alguna, la creación de un Gobierno Provisional de amplia coalición que ... presida un período constituyente, lo más breve*

---

[112] Mundo Obrero, n°2, 1976

posible".[113]

Santiago Carrillo también identifica la ruptura democrática con la desaparición de las instituciones franquistas durante su discurso en la reunión del Comité Central del PCE celebrado en Roma a finales de julio de 1976: *"No se podía reformar el franquismo con sus propias leyes, instituciones y personas. La Cortes, el Consejo Nacional y el Consejo del Reino eran y son un obstáculo a apartar, lo mismo que las leyes fundamentales. Su contenido, estructuras y composición estaban concebidos para la dictadura. Por eso hemos dicho siempre que la ruptura democrática era una necesidad indispensable."*[114] Sin embargo, fue con las leyes del franquismo como se hizo la reforma, el franquismo fue reformado con sus propias leyes. También Carrillo identifica la legalización del Partido Comunista como un *componente esencial de la democracia,* esto será una constante hasta que sean legalizados, identificar democracia y libertad con legalización del PCE. En su discurso, Carrillo se opone a la Ley de Asociaciones, pide un Gobierno Provisional y la apertura de un período constituyente con elecciones a una Asamblea Constituyente encargada de elaborar una nueva Constitución; la amnistía general; que el gobierno provisional tome medidas económicas y gobiernos autónomos para Cataluña, País Vasco y Galicia. Carrillo ampara sus palabras en la ruptura pactada que, según él, propugna Coordinación Democrática. Pero esa concepción de la ruptura está alejada de lo que dice el programa de Coordinación. Ya no se menciona la consulta popular sobre la forma de Estado y de Gobierno.

En diciembre, Carrillo da una conferencia de prensa en Madrid,[115] entiende que la ruptura democrática puede ser más o

---

[113] Mundo Obrero, n° 28, 1976
[114] Mundo Obrero, n°30, 1976
[115] Mundo Obrero, n°45, 1976

menos profunda, *"si Franco hubiese vivido dos o tres años más, estoy plenamente persuadido de que Franco hubiese sido desplazado del Gobierno, por la presión de la calle y por un golpe de Palacio. Y que entonces la ruptura democrática hubiera sido más profunda"*. Afirma que no hay un solo camino para la ruptura y que este puede no ser recto: *"Pero la realidad es una, independientemente de que las cosas no pasan nunca exactamente como se preveen; la verdad es que si vamos a la democracia, por un camino más o menos tortuoso, eso será la ruptura democrática"*. Y sentencia: *"Porque la ruptura democrática es, ni más ni menos, la abolición de las instituciones franquistas y el establecimiento de instituciones democráticas en el país. Ni más ni menos, ni menos ni más"*.

Tras las elecciones de 1977 Carrillo dice en el informe presentado al Comité Central del PCE: *"No hemos logrado una ruptura radical, como la realizaron en un instante dado los militares revolucionarios portugueses, o se hizo, de otro modo, en países europeos con la derrota militar de los Estados fascistas. Y eso afecta a la lentitud del proceso de democratización, a sus ambigüedades y a los resultados electorales mismos. Pero lo que está en curso es una ruptura con el pasado dictatorial; cierto, más dilatada en el tiempo de lo que habríamos deseado y previsto en un momento dado, pero no menos real"*. Y señala el momento de la culminación de la ruptura: *"En el conjunto de las Cortes puede haber una mayoría que haga de ellas unas Cortes Constituyentes. Este es el objetivo fundamental que nos proponíamos en la reunión del Comité Central de abril último. Y ahí residiría realmente la culminación de la ruptura democrática"*.[116] Carrillo considera que puede llegarse a la ruptura democrática por caminos tortuosos y que cuando las Cortes elaboren una

[116] Mundo Obrero, n° 26, 1977

nueva Constitución se habrá culminado la ruptura democrática, pero eso significa la negación de la ruptura puesto que se ha llegado ahí gracias a las leyes franquistas y a la reforma del Gobierno.

Sigue existiendo mucha confusión respecto al concepto de ruptura democrática cuando es utilizado por los miembros de los partidos, se afirma su consecución por unos y se niega por otros. Aunque de manera general se acepta que no se produjo la ruptura porque era inviable y que triunfó la reforma al mismo tiempo que se dice que triunfó la ruptura pactada.

La ruptura pactada, la ruptura democrática como proceso dialéctico, ir a ella por un camino tortuoso..., significa renunciar al mismo concepto de ruptura democrática claramente expuesto en los programas de la Junta Democrática y de la Platajunta. Además, se renuncia expresamente a algunos de sus más importantes puntos como la realización de un referéndum sobre la forma de Estado y de Gobierno. No hubo por tanto ruptura democrática sino reforma. Los partidos llegaron adonde querían llegar, pero lo hicieron a través de la reforma del gobierno, y esto implica que se hizo de arriba abajo como certeramente apuntó Carrillo en su intervención en el Congreso durante la inauguración de la legislatura tras las elecciones de junio de 1977. Los partidos adquirieron una naturaleza estatal con el nuevo sistema político, siendo considerados instrumentos fundamentales de participación política en la Constitución, y reconocidos como parte de la estructura del Estado en la legislación promulgada. Pasaron a formar parte del poder, a formar parte *del arriba*.

Comprobamos que los partidos concebían la democracia como un proceso, no como resultado de un acto único o la definición de unas reglas de juego. Las elecciones de 1977 no eran todavía las elecciones de una democracia. Jordi Solé

Tura, comunista, decía que las Cortes resultantes de las elecciones de junio *"no son más que una cuña democratizadora dentro de un sistema que, en sus grandes líneas, sigue siendo el franquista".*[117] Después de legalizados y formando parte de las nuevas Cortes el PCE sigue considerando que hay que construir la democracia o el Estado democrático sobre los restos del franquismo. Pero el lenguaje de los partidos es confuso y contradictorio al respecto, porque cuando se dice que hay que consolidar la democracia se asume por tanto que ya existe una democracia. Y cuando en diciembre de 1977 en la portada de Mundo Obrero[118] se refieren a 1977 como *"el primer año de la democracia"* se acepta que ya se vive en una democracia. Incluso cuando ya se han establecido las nuevas reglas de juego, cuando la Constitución ya estaba aprobada, en septiembre de 1979, habiendo sido reelegido como Secretario General en el Congreso Extraordinario del PSOE, Felipe González afirmaba: *"Tenemos una democracia débil, una democracia que no se ha consolidado. Algunos compañeros corrigieron algunas de las alegrías iniciales después de las elecciones de 1977, diciendo que la ruptura no se había producido. Había habido un proceso de semirreforma, de semirruptura. Sin duda alguna, esos compañeros tienen razón. Hay gran cantidad de enquistamientos del pasado franquista en todas las instituciones del Estado. Las instituciones económicas, en todas las sociales y en algunas políticas".* Continúa explicando los motivos por los que cree que la democracia es débil: por el terrorismo, por la crisis económica, por las dificultades de transformar un Estado centralista en un Estado de autonomías, por el desarrollo de la política municipal, porque la sociedad no es lo suficientemente activa en la participación a través de asociaciones, partidos o sindicatos... ¿No es esta pasividad de la sociedad un síntoma de que

[117] Mundo Obrero, nº32, 1977
[118] Mundo Obrero, nº51, 1977

la democracia se ha hecho de arriba abajo?

En cualquier caso, los partidos no identifican la democracia con el establecimiento de unas reglas de juego sino antes con el cumplimiento de un proyecto ideológico. Pero esto responde a la lógica de los partidos, para el PSOE y el PCE, para los partidos descendientes del marxismo la democracia es una fase intermedia, un instrumento para llegar a la democracia socialista, una vía al socialismo, una marcha a la sociedad socialista. Así se expresaban los dirigentes socialistas y comunistas durante la Transición. Y aunque se renuncie al marxismo queda un modelo de sociedad al que se quiere llegar. Y en cierto modo, todos los partidos que participan en una democracia de partidos o partidocracia aspiran a eso, a prevalecer sobre los demás y poner en práctica su ideología, su visión del mundo.

Consecuencias lo anterior de una ruptura pactada -eufemismo al fin y al cabo de la reforma negociada-, de considerar la ruptura democrática como un proceso dialéctico, una combinación de negociación y presión, de creer que se puede llegar a ella por caminos tortuosos... Quedan asimismo inercias que explican por qué de vez en cuando, en la actualidad, parece existir todavía una oposición que se enfrenta a unos reformistas del régimen, a los herederos del franquismo, se les recuerda el pasado de los fundadores de su partido, se les llama así: franquistas, aunque más bien son los herederos de los liquidadores del franquismo y de la democracia orgánica. Como si todavía estuviéramos inmersos en ese proceso de negociación, como si estuvieran unos y otros todavía representando el papel de gobierno del régimen y oposición democrática. Unos intentando que la reforma hacia una democracia homologada no derrumbe el edificio en el que están instalados, otros intentando marchar hacia la democracia sobre los restos del que creen aún un sistema franquista por el camino que traza su ideología, una democracia en la que no tendrán cabida, consecuentemente, aquellos que no compartan su ideología; en la tarea continua de destrucción del centralista Estado franquista -porque centralismo ha quedado identificado por esos grupos con franquismo- inspirándose en un federalismo ajeno a España y prestando oídos a inexistentes derechos de autodeterminación o a sus eufemismos como el *derecho a decidir*. Bien es cierto que los partidos de la oposición compartieron el poder de igual a igual con los partidos provenientes del franquismo, y que estos, principalmente el PP, pasan a desempeñar el papel de oposición dentro del normal juego democrático. Y llega a resultar difícil, incluso, distinguir ideológicamente a unos de otros.

La dialéctica entre partidos de la oposición ilegal y gobierno del régimen se mantiene, aunque a veces parece haberse invertido la relación de fuerzas y los que guardan un vínculo histórico con los gobiernos o Cortes franquistas hacen todo lo posible por renegar de ese pasado cuando en realidad sus raíces están en los liquidadores del franquismo: los que marcaron el camino a una democracia homologada, votaron SÍ al Proyecto de Ley para la Reforma Política en las Cortes franquistas, permitieron a la oposición participar del poder y acordaron con ella. Explica esta dialéctica, en parte, que se produzcan conflictos ideológicos entre partidos, conflictos inevitables, por otra parte, en cualquier democracia, pero que llegan al extremo de recordar una y otra vez los choques ideológicos de la guerra civil española.

La oposición democrática ante el referéndum de la Ley para la Reforma Política

La posición de los partidos respecto al referéndum de ratificación del Proyecto de Ley para la Reforma Política fue errática, esta es la característica que mejor define, en general, la conducta de los partidos durante el proceso de transición política. En un principio rechazaron el contenido del Proyecto, el cual les pareció inaceptable, a algunos más que a otros, e hicieron campaña por la abstención. Si el contenido, por lo que se dice y por ser impuesto desde arriba, es inaceptable, lo seguirá siendo aunque se apruebe en un referéndum. Pero la posición de los partidos fue evolucionando hasta poner el énfasis en la legalización de los mismos y en posibilitar la participación en condiciones de igualdad, olvidando por tanto el contenido, hasta el punto de aceptar el referéndum y hasta reconocer que hubieran votado SÍ en el caso de que se hubieran cumplido las condiciones de participación exigidas. Es decir, la posición de los partidos evolucionó hasta contradecirse por completo.

Para los socialistas la aprobación del Proyecto de Ley Para la Reforma Política en las Cortes en noviembre de 1976 significó la liquidación del franquismo, su enterramiento.[119] Aun así, el contenido de la reforma les pareció inaceptable porque, en palabras de Luis Yáñez, impide *"una alternativa democrática limpia, que el pueblo decida con plena soberanía y sin limitaciones, cómo ha de configurarse la vida política futura de nuestro país"*. También condenaban que las condiciones en las que se celebraría, sin estar los partidos legalizados, no podían considerarse democráticas. Y si recomendaron la abstención no fue por una cosa o la otra sino porque no podían oponerse a votar NO a la liquidación del franquismo, lo que implicaba a fin de cuentas legitimar el referéndum y la Ley para la Reforma Política.[120]

Para el PCE, en un principio, la reforma propuesta en el Proyecto de Ley fue inaceptable igualmente. El Comité Ejecutivo del PCE hacía una declaración en septiembre de 1976 llamando fraude a la Ley para la Reforma: *"Su reforma [de Suárez] tiene que ser aprobada por las Cortes y el Consejo Nacional, es decir, las instituciones del viejo régimen, y daría lugar a un referéndum antidemocrático. Las elecciones anunciadas estarían prefabricadas por el Gobierno, controladas por los Gobernadores Civiles, excluyendo de ellas al Partido Comunista y otras fuerzas sin cuya aportación no tienen solución las graves cuestiones que hipotecan el presente y el futuro de España. Esas elecciones no tendrían, como se ha dicho, carácter constituyente alguno porque la reforma de Suárez equivale ya al esquema de una Constitución impuesta".[121]* Carrillo manifestó que la Ley de Reforma era una Carta Constitucional otorgada y añadía: *"No se puede*

[119] El Socialista, n° 75, 1976
[120] Mundo Obrero, 4 de diciembre, 1976
[121] Mundo Obrero, n° 32, 1976

jugar con el equívoco de que el Parlamento previsto va a ser Constituyente. En ningún punto del proyecto de ley se afirma eso. Se dice únicamente que el gobierno y el parlamento podrían tomar iniciativas de 'reforma constitucional'. Cualquier gobierno y cualquier parlamento, en no importa qué país pueden tomar iniciativas de reforma constitucional, con unos u otros procedimientos, sin ser constituyentes. En España no se trata de reformar, sino de hacer, desde el primero al último artículo, una nueva Constitución que hoy no existe. Y de eso no habla, obviamente, el proyecto de ley".[122] Cabría esperar por estas declaraciones que el partido comunista no aceptaría jamás la Ley para la Reforma no importara el resultado del referéndum ni las condiciones bajo las cuales se celebrara. Pero no fue eso lo que ocurrió. El PCE aceptó como todos la reforma que hizo posible la Transición. Este rechazo radical inicial al proyecto de ley no fue una posición firme de los partidos, se utilizó más bien como presión ante el gobierno, como cuando el partido comunista insinuaba que podría rechazar la monarquía si esta era incapaz de llevar el régimen político español a un sistema parlamentario de tipo europeo continental.

Lo verdaderamente importante era la legalización y poder participar en el juego político en igualdad de condiciones. Esto se manifiesta claramente en el número de Mundo Obrero con fecha de 23 de septiembre de 1976[123], en su página dos se publica una declaración de Coordinación Democrática, con Trevijano todavía en ella, titulada *No al proyecto de Suárez* que insiste en la ruptura democrática según es planteada en el programa de la Platajunta aunque incluye la exigencia de un programa económico y dice: *"Coordinación Democrá-*

---

[122] Mundo Obrero, 29 de septiembre de 1976
[123] Mundo Obrero, nº 33, 1976

tica, ratificando ante la opinión pública el compromiso con-traído el día 4 de septiembre con los demás organismos de la oposición, reitera su voluntad negociadora con los pode-res del Estado para afrontar de verdad el único camino de superación pacífica de la grave crisis en que se encuentran los pueblos de España. Esto es: Gobierno de amplio consenso democrático, reconocimiento de los derechos políticos de na-cionalidades y regiones, libertades políticas y sindicales sin exclusiones, amnistía total, aplicación de un programa eco-nómico concertado contra la inflación y el paro, y apertura de un período constituyente que, tras un plazo razonable de ejercicio de todas las libertades públicas, y mediante con-sulta popular y convocatoria de una Asamblea Constitu-yente, resuelva la forma de Estado y la forma de Gobierno".
Sin embargo, en la página tres, el editorial, aun con un título contundente: *La Trampa,* refiriéndose a la Ley para la Re-forma, se mantiene una tesis diferente enfatizando la legali-zación y participación de los partidos antes que el objetivo de la ruptura: *"Decíamos al comienzo que el Gobierno Suárez ha prescindido de las condiciones mínimas de la oposición. Mí-nimas, en efecto, y a las que constituye manifiesto abuso ca-lificar de maximalistas. Porque condición mínima de un cambio democrático es el establecimiento de unas normas de juego democráticas: plena restauración de las libertades y derechos ciudadanos, con libre funcionamiento de todos los partidos políticos y ejercicio de las libertades sindicales; prensa y propaganda de todos; utilización por todos de ra-dio y televisión; ley electoral acordada entre Gobierno y re-presentaciones políticas legítimas; control ciudadano de las operaciones electorales. En definitiva, condiciones reales para la apertura de un período constituyente. ¿Qué hay de maximalista ahí para la democracia?".* Esta última es la ver-dadera posición del Partido Comunista.

A partir de noviembre de 1976, con Trevijano fuera de escena y la oposición organizada en torno a la Plataforma de Organismos Democráticos o POD, la ruptura democrática queda definitivamente abandonada, según su planteamiento, insistimos, expuesto en los programas de la Junta, Plataforma de Convergencia y Coordinación Democrática, que venían a ser diferentes concepciones de la misma. Así, el 27 de noviembre de 1976 se hace pública una declaración firmada por la gran mayoría de la oposición estableciendo las condiciones para aceptar y participar en el referéndum con el título de *Las Condiciones de la Libertad,* quedan estas condiciones enumeradas como sigue:

"1. Reconocimiento de todos los partidos políticos y organizaciones sindicales.

2. Reconocimiento, protección y garantía de las libertades políticas y sindicales.

3. Urgente disolución del aparato político del Movimiento y efectiva neutralidad política de la Administración pública.

4. La verdadera amnistía política que el país necesita.

5. Utilización equitativa de los medios de comunicación de masas, propiedad del Estado, y por tanto de la comunidad, monopolizados hoy por el Gobierno.

6. Negociación de las normas de procedimiento a que han de ajustarse ambas consultas (referéndum y elecciones generales). Control democrático de la neutralidad y libertad de las mismas a todos los niveles.

7. Reconocimiento de la necesidad de institucionalizar políticamente todos los países y regiones integrantes del Estado

español y de que los órganos de control de los procesos elec-
torales se refieran también a cada uno de sus ámbitos terri-
toriales.

Por último, se señaló la urgencia de que se supriman las me-
didas represivas de las libertades cívicas para que pueda
desarrollarse sin demora la necesaria negociación pública y
colectiva entre el Gobierno y la oposición, sobre los anterio-
res puntos y sobre cualesquiera otras cuestiones relaciona-
das con el establecimiento de la democracia."[124]

Los grupos que firmaron esta declaración fueron: Alianza Liberal, Asamblea de Cataluña, Comisiones Obreras, Comité Nacional de Cataluña del Partido del Trabajo de España, Consejo de las Asambleas de las Islas, Convergencia Democrática de Cataluña, Coordinadora de Fuerzas Democráticas de Canarias, Federación de Partidos Socialistas, Federación Popular Democrática, Federación Social-Demócrata, Izquierda Democrática, Liga de Cataluña, Movimiento Comunista, Organización Revolucionaria de Trabajadores, Partido Carlista, Partido Comunista de España, Partido Demócrata, Partido Demócrata Popular, Partido Liberal, Partido Progresista Liberal, Partido Popular Democrático-Cristiano, Partido Socialista Obrero Español, Partido Socialista Unificado de Cataluña, Partido Socialista Popular, Taboa Democrática de Galicia, Taula de Fuerzas Políticas y Sindicales del País Valenciano, Unió Democrática de Cataluña, Unió Democrática del País Valenciano, Unión General de Trabajadores y Unión Sindical Obrera.

Estas condiciones no se cumplieron, pero si se hubieran cumplido al menos en parte, Carrillo hubiera apoyado el referéndum y votado SÍ, así lo manifestó en una conferencia de

---

[124] Mundo Obrero, n°43, 1976

prensa en diciembre de 1976 en Madrid : *"Si el Gobierno hubiera restablecido las libertades para todos, si todos hubiéramos podido actuar libremente, sin otra cortapisa que el respeto civil hacia los derechos de los demás, piensen como piensen, los comunistas, y creo que el conjunto de la oposición democrática, hubiéramos podido votar SÍ en el referéndum".*[125] Pero aunque se hubieran dado esas condiciones no por ello la Ley para la Reforma hubiera dejado de ser una Carta Constitucional otorgada como el secretario general del PCE la llamó. Una conducta coherente en este caso hubiera sido rechazar de todos modos el referéndum y la Ley para la Reforma. En cualquier caso, incluso no habiéndose dado las condiciones que exigió la oposición, promoviendo en consecuencia la abstención, se aceptó el resultado del referéndum puesto que se aceptaron las reglas que contenía la nueva Ley Fundamental bajo la que se siguió desarrollando la transición política y que condujeron a la celebración de las elecciones generales de 1977 en las que participaron los partidos legalizados.

La gran mayoría de los españoles con derecho a voto apoyaron la reforma de Suárez, el 73,19 % del censo. El llamamiento a la abstención por los partidos no tuvo ningún efecto, la abstención fue del 22,28 %, inferior incluso a la media de las elecciones generales al Congreso celebradas desde 1977 a 2016, que es del 27,37%. Sí hubo una cantidad considerable de votos en blanco, 523.457 (2,98% del censo) pero esto es una tendencia que se ha manifestado invariablemente en cada celebración de referendos en España desde entonces, hay una relación directa entre referéndum y aumento del voto en blanco, es la manera por la que se muestra el desacuerdo o la indiferencia con respecto a la consulta que se hace, pero im-

[125] Mundo Obrero, nº 45, 1976

plica la aceptación del resultado al legitimarse con la participación la consulta.

Por tanto, no hubo una incidencia significativa de la postura de los partidos respecto al referéndum en los resultados del mismo. Es verdad que los partidos no estaban legalizados ni pudieron hacer propaganda en condiciones de igualdad, pero también es verdad que desde hacía un año los líderes de los partidos ocupaban las primeras planas, eran conocidos por la mayoría de los españoles y también sus ideas. En cualquier caso, mostró cual era la verdadera relación de fuerzas en ese momento. La reforma del gobierno tenía el apoyo de la mayoría de los españoles. También es verdad que el referéndum se celebró sin los debidos controles democráticos, pero al aceptarse posteriormente por los partidos el contenido de la Ley para la Reforma se aceptaron por tanto los resultados y se legitimó la consulta.

La motivación de los españoles que votaron SÍ a la pregunta *¿Aprueba el Proyecto de Ley para la Reforma Política?* seguramente respondía a la ley: *"la mayoría de los ciudadanos están generalmente inclinados a dejar las decisiones políticas a otros y a responder a las cuestiones presentadas siempre de manera que la respuesta contenga un mínimo de decisión"* según Carl Schmitt[126]. Pero era también el reflejo de una amplia clase media que no quería aventuras de ningún tipo sino avances democráticos que no pusieran en peligro su estabilidad y tranquilidad. Y la ruptura democrática era una aventura no deseada. Los partidos tampoco querían la ruptura democrática según es propugnada en la declaración de Coordinación Democrática, siempre optaron por la negociación con el gobierno, por la ruptura pactada, eufemismo de reforma pactada; la ruptura democrática en su concepción

---

[126] En referencia a los plebiscitos napoleónicos. Carl Schmitt, *Teoría Constitucional.*

más completa nunca tuvo verdaderas opciones de triunfar. Y también era el reflejo de la realidad del momento: el gran respaldo popular que tenía el franquismo. Uno de los eslóganes que utilizó el gobierno para animar a los españoles a votar SÍ a la reforma fue: *"Sólo se reforma lo que se quiere conservar"*.

Resultados referéndum 1976

Respuesta	Votos	Porcentaje censo
SI	16.573.180	73.19%
NO	450.102	1.99%

Total censo electoral: 22.644.290
Total votantes: 17.599.562
Abstención: 5.044.728
Votos nulos: 52.823
Votos en blanco: 523.457

El grueso de los votos de los partidos de la oposición ya legalizados en las elecciones generales de 1977 procedió de la mitad aproximadamente de los españoles que habían apoyado la reforma de Suárez, la reforma del franquismo. También se beneficiaron de una reducción de los votos en blanco (-477.209), una ligera disminución de la abstención (fue del 21,17%) y un incremento del censo de 939.472 personas. Pero fue el apoyo de la mitad de los votantes del SÍ a la Ley para la Reforma lo que alimentó verdaderamente el voto de los partidos de la oposición. ¿De dónde si no salieron los más de cinco millones de votos que consiguió el PSOE?

Resultados Elecciones 1977

Partidos con más de 250.000 votos, sumando entre todos ellos 16.524.340 votos:

el 70.07 % del censo y el 90.4% de votos a partidos.

Partidos	Votos	Porcentaje censo
UCD	6.310.391	26.76%
PSOE	5.371.866	22.78%
PCE	1.709.890	7.25%
AP	1.504.771	6.38%
PSP-US	816.582	3.46%
PDPC	514.647	2.18%
PNV	296.193	1.26%

Total censo electoral: 23.583.762
Total votantes: 18.590.130
Votos a partidos: 18.278.085
Abstención: 4.993.632
Votos nulos: 265.797
Votos en blanco: 46.248

Tablas elaboradas con los datos de resultados electorales del Ministerio del Interior.

Antonio García-Trevijano

La ruptura democrática era entendida de manera diferente por los diversos actores políticos. No tuvo un significado único. El concepto de ruptura democrática no significa lo mismo en la declaración de la Junta Democrática que en la declaración de Plataforma de Convergencia ni tampoco el que se expresa en la declaración de Coordinación Democrática guarda significado completo con los anteriores. Es la primera vez que se dice en una declaración programática, la de la Platajunta, que se someterá a consulta popular tanto la forma del Estado como del Gobierno, entendiéndose por esto la forma republicana o monárquica del Estado y la forma presidencialista o parlamentaria para el Gobierno. Esta distinción es seguramente influencia de Trevijano, comprometido en que la forma de Gobierno fuera elegida por sufragio al igual que la del Estado.

Pero esto era un elemento extraño y no deseado por los partidos. Trevijano no consiguió incluir la consulta sobre la forma de Gobierno en el programa de la Junta Democrática porque los partidos no aceptaban cuestionar la forma parlamentaria. No era lo normal, además, someter la forma de Gobierno a consulta popular. Tras la desaparición de las dictaduras europeas posteriormente a la Segunda Guerra Mundial los referendos realizados dan a elegir la forma del Estado, Monarquía o República, como ocurrió en Italia o Grecia, no la forma de Gobierno. Y en el caso de que se hubiera considerado una consulta sobre la forma de Gobierno, ¿por qué limitar las opciones a presidencialismo o parlamentarismo? ¿Por qué no considerar la consulta que proponían los verdaderos franquistas: democracia orgánica o democracia liberal? ¿Por qué no considerar cualquier forma de gobierno conocida ya esté fundamentada en principios democráticos o no? ¿Por qué no considerar la monarquía, gobierno de uno; o la aristocracia, gobierno de los mejores o de aquellos que aspiran a lo mejor? ¿Y qué clase de presidencialismo, el modelo francés o el estadounidense? ¿Y qué clase de parlamentarismo, el de tipo continental europeo o el británico? Incluso la limitación de opciones en una consulta de este tipo se basa en la relación de fuerzas, puesto que seguramente quedarán fuera de consideración muchas propuestas que tienen un respaldo débil, sin que signifique por ello que estas opciones son peores, simplemente son descartadas por situarse fuera de las posiciones hegemónicas.

Hay que reconocerle a Trevijano la habilidad e influencia para conseguir finalmente que en el programa de Coordinación Democrática fuera incluida la consulta sobre la forma de Gobierno, aprovechando tal vez la confusión que de este término se hacía uso, como si fuera el resultado de la unificación de los programas de la Junta Democrática y Plataforma de Convergencia, puesto que en el primero se hablaba de forma de Estado y en el segundo de forma de Gobierno, aunque significaban lo mismo en ambos programas: referéndum sobre monarquía o república, como ya se ha explicado.

Trevijano aspiraba a que del resultado de los referendos surgiera ganadora la opción de una república presidencialista con separación de poderes en la que el Presidente es el jefe del Ejecutivo. Pero el presidencialismo es rechazado vehementemente por los partidos. El presidencialismo es sinónimo de autoritarismo para los partidos, el PCE decía en 1956 que el régimen político tras la dictadura no podía ser otro que una democracia parlamentaria. Para los comunistas era mucho más importante conseguir un régimen parlamentario que una república, es mejor el parlamentarismo, aunque sea con una monarquía. Y es lógico que así sea si se analiza desde la táctica leninista, la democracia burguesa parlamentaria facilita la conquista del poder, una vez conquistado pueden prescindir tanto de la democracia burguesa como de la monarquía. Carrillo, en un discurso ante el pleno del Comité Central del PCE el siete de septiembre de 1977, cuando se estaba todavía elaborando la Constitución, decía: *"Por una Constitución parlamentaria y democrática en nuestro país; en la que el poder resida en los órganos elegidos por el pueblo, a nivel estatal, es decir, el Parlamento; a niveles nacionales y regionales y a niveles locales, y en donde el poder ejecutivo a cualquier nivel sea un mandatario de estos órganos soberanos y el Jefe del Estado una figura que confirme las resoluciones de los órganos elegidos, que respalde las leyes, que firme los decretos de los Gobiernos, responsables ante el Parlamento, y que ejerza una función fundamentalmente representativa, es decir, un Jefe del Estado que reine si es Rey, presida si es presidente, pero que no gobierne"*.[127] Esto era lo fundamental, ya fuera un rey o un presidente de una república su función no podía ser ejecutiva, y el poder ejecutivo no podía ser sino un mandatario del Parlamento. Pero daba por supuesto

---

[127] Mundo Obrero, nº 37, 1977

que el Jefe del Estado seguiría siendo el Rey Juan Carlos y no iban a oponerse: *"nosotros no romperemos la reconciliación de los españoles, no romperemos el país en dos partes, insistiendo o planteando que el régimen que se establezca hoy sea un régimen republicano; pero todo depende de eso, de que el sistema que estamos construyendo sea efectivamente un sistema democrático y parlamentario"*.

Cuando en las páginas de El Socialista[128] analizaban la reforma del gobierno y se preguntaban: *"¿Qué se pretende con una cámara baja elegida por sufragio universal que sin embargo no tiene atribuciones para nombrar el gobierno?"* ejemplifica que para el PSOE la función de una cámara legislativa es nombrar al ejecutivo, evidencia la preferencia natural de los partidos por el sistema parlamentario.

Trevijano no fue consciente enteramente de la importancia del obstáculo, no quiso aceptar esa realidad, sabía que los partidos rechazaban el presidencialismo, ¡no le habían dejado incluir la consulta sobre la forma de Gobierno en el programa de la Junta Democrática! No se puede negar la perseverancia y dedicación a la causa en la que creía, aunque las circunstancias no fueran nada favorables, o, mejor dicho, aunque las circunstancias estuvieran en contra.

El gobierno no iba a poner en riesgo la monarquía de Juan Carlos instaurada por el General Franco con un referéndum sobre la forma del Estado y los partidos no iban a aceptar poner en riesgo la forma parlamentaria con un referéndum sobre la forma de Gobierno. La ruptura democrática tal como se expuso en el programa de Coordinación Democrática, considerando la relación de fuerzas existente, era imposible. Que

---

[128] El Socialista, nº 63, 1976

los partidos la firmasen no significaba nada, no tenían ninguna intención de cumplirla, fue un mero trámite al que no daban importancia, un puro formalismo vacío de esencia alguna. Al mismo tiempo ya se estaba hablando de ruptura negociada o pactada con el gobierno.

Antonio García-Trevijano, notario y abogado, creía en el poder de un documento firmado. Creía que eso obligaría a los partidos a cumplir los compromisos. ¿Pero cómo se va a obligar a cumplir al firmante un compromiso contrario a su naturaleza? ¿Ante qué tribunal iba García-Trevijano a reclamar el cumplimiento de lo firmado? ¿Qué autoridad iba a obligar a los partidos a cumplir el compromiso firmado? Trevijano era considerado por los americanos una figura exótica, en verdad era un *outsider* participando en el juego político de la transición. No se puede negar una nota exótica en García-Trevijano. Un rico burgués, admirador de Lenin, que se apoya en los comunistas y en los partidos de izquierda provenientes del marxismo para conseguir que se realice una consulta sobre la forma de gobierno, algo inusual[129], de la que salga elegida la opción de una república representativa similar a la estadounidense la cual es visceralmente rechazada por los partidos de izquierda. Hay también oportunismo, el de aprovechar impulsos creados por otros y sus fuerzas. Antes de la creación de la Junta Democrática, el PCE preconizaba el Pacto para la Libertad, la mayor aportación a la organización de Juntas por toda España se debió al Partido Comunista, las masas que se movilizaban bajo el llamamiento de la Junta y de Coordinación Democrática eran las masas de los partidos.

---

[129] En 1993 se celebró en Brasil un referéndum para elegir entre república y monarquía, presidencialismo y parlamentarismo. Pero hacemos notar otra vez que para limitar las opciones y el tipo de presidencialismo y parlamentarismo es necesario partir de una posición de fuerza que implica la marginación de multitud de opciones.

Pero la democracia burguesa a la que aspiraba García-Trevijano no era la democracia burguesa aceptada por la izquierda como primer paso de conquista del poder, la democracia que prefieren es la parlamentaria, mucho mejor de tipo europeo continental, con un sistema proporcional de listas de partido, como la república de Weimar. Porque es la que facilita su ascenso al poder. La democracia basada en el presidencialismo, la separación de poderes, la elección de poderes por separado, el sistema mayoritario y la elección de representantes en distritos uninominales, constituye un obstáculo prácticamente insalvable a sus aspiraciones de conquista del poder. Creer que el sistema presidencialista y mayoritario es deseable para los comunistas y socialistas es pecar de ingenuo, intentar convencerles de que es el sistema que les permitirá realizar su revolución dentro de la democracia es subestimar intelectualmente a los comunistas, es obviar la meta histórica del socialismo y lo que dice su doctrina, amén de ser un imposible. Aunque se diga que ya no se persigue la dictadura del proletariado o que se renuncia al marxismo, en los partidos de masas se reconocen tendencias totalitarias, y el sistema parlamentario junto con una ley electoral proporcional será siempre preferido al presidencialista y mayoritario.

Trevijano era un elemento extraño en el juego político, seguido por unos cuantos independientes, una minoría minúscula, en todo caso, entre los grandes protagonistas políticos: los partidos. Para ellos se hizo una Ley de Asociaciones. Las multitudes que se movilizaban a la llamada de la Junta o de Coordinación Democrática estaban constituidas por las masas de los partidos. Si como consigna se gritaba "libertad", esta era entendida de modo muy diferente; para los partidos significaba la legalización y la participación en igualdad de condiciones en las elecciones. El discurso en defensa de la libertad y la democracia por parte del Partido Comunista demostró ser una defensa de sus propios intereses de partido. En octubre de 1976 se decía en el editorial de Mundo Obrero: *"Hace falta colocar en el centro el problema urgente, inmediato, de la libertad efectiva de los partidos políticos sin excepción, del ejercicio real de las libertades políticas. Libertad que significa -como condición elemental y 'sine quanon'- el pasaporte para Santiago Carrillo y Dolores Ibárruri. Que exige una amnistía sin exclusiones, una supresión de leyes y jurisdicciones especiales, etc."*[130] En noviembre, el editorial de Mundo Obrero llevaba como título: *"El mes de la verdad"*, y se decía: *"Hoy la base de coincidencia entre todos los sectores de la oposición se centra en la consecución de las libertades políticas sin exclusiones".*[131] En marzo de 1977, cuando la legalización del partido se veía próxima, Federico Melchor, director del órgano de propaganda del Partido Comunista, escribía: *"Las más diversas fuentes de información dan por segura e inminente la legalización del Partido Comunista de España. Será un acto de justicia política -y de justicia a secas-, un gran paso hacia la democracia, una conquista histórica -el calificativo lo creemos exacto- de la causa de la libertad y de quienes por ella luchamos. Hemos sostenido que la libertad es indivisible, que no puede haber libertades democráticas si se excluye de su ejercicio a unos o a otros, que el pueblo sólo puede ser auténticamente soberano si dispone de libertad de opciones políticas y todos nos sometemos a su libre opción".*[132] La portada de Mundo Obrero de primeros de abril de 1977 recogía un artículo a cuatro columnas titulado: *"Sin legalización del PCE no hay democracia".*[133] Y cuando el Partido Comunista es legalizado, se publica en portada también un artículo de Santiago Carrillo titulado: *"Victoria de la*

---

[130] Mundo Obrero, nº36, 1976
[131] Mundo Obrero, nº39, 1976
[132] Mundo Obrero, nº 12, 1977
[133] Mundo Obrero, nº 13,1977

democracia, legalización del PCE".[134] El Partido Comunista fue a las elecciones de junio sin que la libertad política alcanzara a otros partidos, una libertad con exclusiones. Esa era su concepción de la libertad y la democracia: ser legalizados y poder participar en las elecciones, aunque otros no pudieran o no se hubieran cumplido otras aspiraciones como la amnistía.

La libertad significaba otra cosa para Trevijano: la libertad de poder elegir por separado a su representante en el Congreso y al Jefe del Ejecutivo. La vía para elegir al Ejecutivo difería igualmente, así como el concepto de representación política. Para las masas de los partidos representación significa identificación ideológica con los miembros del parlamento, poder decir: "son de los nuestros", aunque no hayan sido elegidos directamente sino a través de listas de partido, es decir, se ha votado a unas siglas, no a personas; lo importante es el número porque todos defienden la misma ideología de partido, todos tienen una misma *visión del mundo,* se vota una ideología. Para Trevijano la representación consistía en una relación entre representado y representante similar a la que puede existir entre un procurador o abogado con su cliente. Aunque en ambos casos se produce una delegación en los representantes, en ambos casos la representación es fruto de una conveniencia.

Cuando se delega un asunto a otra persona se deja de tener el control sobre el mismo, y esto puede ser para bien o para mal. Será para bien si la persona a la que hemos encargado llevar el asunto está mejor preparada que nosotros para llevarlo o es experta en ello. Pero en política no es un único asunto del que se tendrán que ocupar los representantes, ni

---

[134] Mundo Obrero, n° 14, 1977

está asegurado que sean mejores que nosotros o que sean expertos. No pueden ser expertos en todos los temas, no es posible, puesto que en la actividad política es natural que haya que tratar multitud de asuntos, muchos de ellos no podrán preverse, como no pueden preverse todas las contingencias del día a día. A su vez, los delegados tendrán que delegar su función en técnicos o expertos para hacer las leyes.

Dice Rousseau que los diputados del pueblo no son sus representantes sino sus delegados, que en el momento en que un pueblo se da representantes deja de ser libre; y pone como ejemplo el pueblo inglés, del que dice que sólo es libre durante la elección de los miembros del Parlamento, pero que en cuanto éste ha sido elegido, el pueblo vuelve a ser esclavo.[135]

Porque, aun tratándose de la representación por el diputado de distrito, aunque haya sido elegido por mayoría absoluta, ¿cómo considerarse representado por su diputado una persona, pongamos por caso, que esté en contra del aborto cuando su representante es un defensor del aborto? Este tipo de representación, como la del procurador o el abogado con su cliente, puede existir cuando el representante va a defender una o dos cosas apoyadas por la mayoría de sus votantes, como puedan ser la construcción de una nueva escuela o un nuevo centro de salud. Y estas no serán las prioridades de todos, otros considerarán que existen otras prioridades antes que la construcción de una escuela, algunos estarán de acuerdo con una de esas propuestas, pero no con las dos, no habrá unanimidad. Se trata del juego de las mayorías contra las minorías. Pero el diputado no irá al Parlamento o Asamblea a defender sólo estas dos cosas, surgirán multitud de asuntos sobre los que los electores no tendrán una opinión o

---

[135] Jean Jacques Rousseau, *Del Contrato social*.

los conocimientos para valorarlos en su amplitud, seguramente el diputado elegido tampoco los tenga cuando se trate de asuntos que requieran conocimientos muy técnicos. Así pues, los representantes estarán tratando temas y legislando sobre multitud de asuntos sobre los que la mayoría de la población no tiene una idea formada. Y esto se dará en un Parlamento o Asamblea hayan sido sus diputados elegidos por un sistema proporcional de listas de partido o por un sistema mayoritario en distritos uninominales. La representación política es un convencionalismo, una ficción.[136]

Ahora bien, no hay duda de que la elección del diputado o representante por uno u otro sistema marcará diferencias. Es de esperar que el diputado de distrito uninominal elegido por sistema mayoritario tenga una mejor relación con sus electores, aunque sólo sea para enviar una carta respondiendo amablemente que siente no poder resolver satisfactoriamente determinada propuesta o requerimiento hecho por algún elector. Por esta relación más directa con los electores el diputado intentará que esta sea lo más buena posible porque en su interés está volver a ser reelegido en las siguientes elecciones. Procurará ser ejemplar en su conducta, cumplir con sus compromisos electorales. De esta manera se introduce el principio de *accountability*, existe una obligación de dar explicaciones, de asumir la responsabilidad cuando se cometa algún acto reprobable. Es verdad que es común en todos los países la insatisfacción de los ciudadanos con respecto a la conducta de los políticos al percibir que estos encuentran siempre ma-

---

[136] Sobre la representación política puede verse una clase ilustrativa de Gustavo Bueno en YouTube, canal fgbuenotv. *Escuela de Filosofía de Oviedo. Seminario sobre la Democracia. Sexta sesión. Oviedo, lunes 30 de mayo de 2011. Gustavo Bueno: "Democracia representativa".*

neras de eludir sus responsabilidades o de no dar una explicación satisfactoria.[137] Y también es verdad que algunos sectores del Estado, sobre todo aquellos relacionados con la seguridad y la inteligencia, y del Gobierno, escapan casi por completo a este principio y al control efectivo por otras ramas del sistema político diseñado precisamente para controlar el poder; el mecanismo de control y equilibrio de poderes se convierte en un mero planteamiento teórico, una ilusión, esto ocurre incluso en los Estados Unidos en donde el concepto de la separación de poderes se ha intentado desarrollar de una forma más completa. La separación de poderes es una aspiración que puede funcionar como freno al abuso de poder. Pero en realidad los poderes no serán independientes, siempre existirán relaciones de dependencia no importa el diseño del sistema político, un Congreso de representantes o Asamblea habrá de aprobar los presupuestos de la Justicia por poner un caso. Estas relaciones de dependencia condicionarán en mayor o menor grado la actividad de los distintos poderes. Sólo cabe pensar en una verdadera independencia de un poder respecto a otro si pertenecen a Estados diferentes, por ejemplo,

---

[137] En febrero de 2017, un artículo del New York Times (*'Angry Town Hall Meetings on Health Care Law, and Few Answers'*, Thomas Kaplan, The New York Times, 13 de febrero de 2017) relataba las tensas reuniones de los representantes republicanos con los electores en sus distritos correspondientes como consecuencia del rechazo de los republicanos a la ley de salud de la administración anterior, el *Affordable Care Act*. Los electores congregados les echaban en cara que no hubiesen previsto una alternativa cuando la ley anterior dejase de estar en vigor. El representante, Mr Sensenbrenner, en una entrevista, se refirió a las personas que se congregaban en sus reuniones como *"una oposición organizada de gente que estaba en el lado perdedor de las elecciones"* y añadía: *"Gané por 146.000 votos. Represento a la mayoría. Bueno, ellos son una minoría ruidosa"*. Se le podrá reprochar que sus declaraciones no son correctas porque representa no a una mayoría sino a todos los habitantes de su distrito, hayan votado por él o no, incluso a los que no hayan votado. Pero esto no es más que un convencionalismo. Los sistemas mayoritarios también crean perdedores y la inevitable frustración. Y si la protesta de los perdedores consigue influir en la política de los gobernantes haciendo que se modifique esta o que no se aplique habrá que decir que es la protesta en sí la que lo ha hecho posible no el diseño del sistema político. En otros sistemas políticos la protesta encuentra otras vías: manifestaciones en la calle, presión de los grupos mediáticos afines a los partidos de la oposición, etc.

el Ejecutivo de determinado Estado soberano respecto al Legislativo de otro Estado soberano.

Aunque en todos los sistemas democráticos se dan los mismos males, esta relación más directa con los electores puede influir en la conducta del representante al tratarse de una relación más personal, cosa que no se produce en una partidocracia en donde el diputado ni se relaciona con sus electores ni fue elegido directamente por ellos, sino que fue puesto en una lista por el jefe de partido, y eso es lo que eligieron los electores: una lista, unas siglas. Por ello en las partidocracias, al menos en aquellas del sur de Europa, los males comunes en toda democracia parecen darse en un grado mayor. En España observamos muy a menudo que la conducta cuestionada de un político o de un alto cargo de la Administración ocasiona su destitución, pero enseguida se le encuentra una nueva colocación, más alejada tal vez de la atención pública o menos relevante, pero bien remunerada y poco exigente. El castigo a una conducta reprobable o a la incompetencia política o profesional de un cargo público es frecuentemente un retiro dorado.

Al final no hay sistema político perfecto, un mismo sistema puede dar resultados muy diferentes en dos países distintos. El mal gobierno o la corrupción no son determinados exclusivamente por el diseño del sistema político, también influye la cultura, las creencias o la tradición del país. Hay menos corrupción en aquellos países cuya religión mayoritaria ha sido por tradición la cristiana protestante, independientemente del sistema político que tengan. Aunque el número de democracias con un sistema de representación proporcional es mucho más numeroso que el de democracias con un sistema mayoritario por distritos uninominales, en la tabla siguiente se ha escogido una selección suficientemente significativa para mostrar la disparidad existente entre ellas.

Sistemas electorales y corrupción

Sistema proporcional de listas	Variantes del sistema proporcional	Sistema mayoritario por distritos uninominales
Dinamarca (1)	Alemania (10)	Canadá (9)
Finlandia (2)	Italia (60)	Reino Unido (10)
Suecia (3)	Grecia (69)	Estados Unidos (18) *
Noruega (6)		Francia (23) **
Holanda (8)		
Islandia (14)		
Bélgica (15)		
Portugal (29)		
España (41)		

Elaboración propia tomando los datos de la clasificación de la corrupción del Corruption Perceptions Index 2016, de Transparency International, donde 1 es la puntuación del menos corrupto: Dinamarca y Nueva Zelanda; y 176 es la puntuación del más corrupto: Somalia
* La elección del Presidente de los Estados Unidos combina en realidad el sistema mayoritario con el voto proporcional del Colegio Electoral, no puede hablarse de sistema mayoritario puro, por tanto, en la elección del Ejecutivo.
** A doble vuelta.

Claro que toda clasificación dependerá de lo que se entienda por corrupción. Si además de lo que comúnmente se entiende por corrupción y que se asocia a una Administración corrupta (aceptación de sobornos, arbitrariedades, nepotismo, uso de las instituciones públicas para el enriquecimiento personal, etc.) se amplía a toda aquella práctica que atenta contra el bien supremo de la vida y la dignidad humana, es decir, allí donde es aceptable una cultura de la muerte (aborto, eutanasia, incluso la fecundación in vitro, puesto que para que un embrión se desarrolle en el útero se ha necesitado fecundar varios óvulos lo que producirá embriones sobrantes que serán descartados) o donde la persona se convierte en un objeto comercial (ya sea por medio de la prostitución, alquiler del útero o la venta y el uso con fines éticamente reprobables de restos humanos como los restos del feto abortado), entonces la puntuación de los países que ocupan los primeros puestos como los menos corruptos en las clasificaciones que se hacen sobre la corrupción a nivel mundial sería muy diferente. Y seguramente no habría país, con todos los elementos tenidos en cuenta para medir la corrupción, que obtuviera una buena puntuación.

Las diferencias en el diseño del sistema político producen particularidades y comportamientos únicos que sólo se dan en ese sistema. Una modalidad de corrupción en los sistemas mayoritarios es el fenómeno llamado *gerrymandering*. Consiste en el diseño de los límites del distrito electoral para que, por las características sociales, económicas, culturales, etc., de la población contenida en el mismo, se favorezca la elección de un candidato de una determinada opción política.[138] Esta práctica implica la negociación con políticos del partido de la oposición para garantizar que ambos partidos terminan con distritos "gerrymanderizados", considerados seguros para sus candidatos. El resultado es que se reducen los distritos competitivos a unos pocos; todos los demás, la gran mayoría, se consideran seguros para un partido u otro.[139]

Lejos de convencionalismos, una ventaja del sistema mayoritario sobre el proporcional es la garantía de una mayor estabilidad política. El sistema proporcional da poder político a grupos minoritarios que ejercen una influencia excesiva en

---

[138] El origen de esta palabra se remonta a 1811 cuando el Gobernador de Massachusetts Elbridge Gerry conformó los límites de los distritos electorales del Estado para aumentar las posibilidades de victoria de su partido. La forma delgada y tortuosa de un distrito inspiró al caricaturista Elkanah Tisdale para dibujar una especie de dragón sobre un mapa del condado de Essex de Massachusetts. Un editor de periódico compararía la forma del distrito con una salamandra (en inglés, *salamander),* y diría humorísticamente que era una "gerrymander".

[139] Como resultado de la práctica del gerrymandering Robert A. Dahl pone en entredicho la representación política en la Cámara de Representantes. Robert A. Dahl, 2003.

relación al apoyo electoral que obtienen, influencia muy frecuentemente perniciosa sobre la política nacional, como pueden ser los partidos nacionalistas o aquellos que mantienen una ideología claramente totalitaria. También lejos de convencionalismos, un efecto de la elección directa del Jefe del Ejecutivo por el sistema mayoritario en una circunscripción única nacional, *un hombre un voto*, sería la garantía de la formación inmediata de Gobierno, se evitaría la posibilidad de que se diesen mayorías insuficientes que obligaran a repetir elecciones y mantener un gobierno en funciones durante meses o años, como ha ocurrido en España. Sin embargo, en otros países con el mismo sistema político que el español este problema no se da, y es debido a que en esos países existe de manera tradicional una cultura de coaliciones de gobierno. Así pues, en el caso de España, por la ausencia de una cultura de coaliciones de gobierno, con la presencia de partidos que aspiran nada más y nada menos que a la secesión y a la ruptura nacional; por la existencia de grupos de ideología extremista; y porque los españoles todavía no han superado la Guerra Civil, el sistema proporcional tiende más a provocar estos problemas.

Es de esperar, en el caso de la elección directa del Jefe del Ejecutivo, una acción de gobierno más eficaz, un ejecutivo más evidente, que el desgobierno no sea una característica del sistema político donde existe una tendencia a no tomar medidas ejecutivas sino más bien a desviarlas por una vía judicial como si de esta manera se buscara eximirse de responsabilidades o para evitar suscitar conflictos y confrontaciones con elementos o partes de la sociedad civil o con otra Administración del Estado, como pueda ser un gobierno regional. En lugar de una acción ejecutiva eficaz se observan tendencias anarquizantes.

No obstante, en el Reino Unido el jefe del Ejecutivo no es

elegido de manera directa por los electores sino por el Parlamento y no existen razones para decir que en el Reino Unido el Ejecutivo no actúa eficazmente o el desgobierno sea una característica percibida del sistema político. Claro que los diputados del Parlamento británico han sido elegidos en distritos uninominales y cabría pensar que el principio de *accountability* se amplía en su elección del Primer Ministro, el cual debe rendir cuentas ante el Parlamento.

En cualquier caso, todos los sistema democráticos, es decir, aquellos basados en el sufragio universal, el juego limpio y el respeto a los derechos civiles y políticos, donde existen libertades y oportunidades para la participación política, cuyos gobernantes y representantes son elegidos ya sea por el sistema proporcional de listas de partidos, por el mayoritario de distrito uninominal, con elección por separado del presidente del Ejecutivo o nombramiento de este por el Parlamento, comparten aparentemente la regla democrática de que las mayorías se imponen sobre las minorías. Sea cual sea el procedimiento por el que se ha aprobado una ley, es una mayoría la que la ha hecho posible, la minoría tendrá que asumirla, resignarse, consentir, y esperar que, en el futuro, cuando cambie la relación de fuerzas y se convierta en mayoría pueda derogarla y promover y crear la ley que ellos defienden. Es el juego democrático común en todos estos sistemas. Aunque muy frecuentemente la permanencia de una ley no se ve alterada por un cambio de gobierno, ni siquiera en los casos en los que su derogación formaba parte del programa electoral de los nuevos gobernantes, incluso tratándose de temas trascendentales. También es común en las democracias el perdón de la corrupción ajena o el olvido de las faltas que antes parecían imperdonables en el contrario una vez que la oposición ha conseguido sus objetivos de poder, las diferentes facciones y competidores aplican el pacto: *"hoy por mí, mañana por ti"*.

La democracia es un modo de resolver pacíficamente los conflictos que surgen de manera inevitable en una sociedad. En nombre de la paz y la democracia se aceptan leyes que para muchos son inaceptables de acuerdo a sus principios morales. Por ejemplo, el aborto es para muchas personas un asunto tan grave que significa la pérdida de una vida humana, sin embargo, por la democracia se acepta con resignación que sea legal en tanto no se tenga una mayoría que pueda cambiar la ley, aunque, según su pensamiento, se están perdiendo miles de vidas humanas mientras tanto, sólo que esta pérdida de vidas humanas se produce antes de salir del útero. Y en realidad, este hecho, que se produzca antes de salir del útero, sirve para desdramatizar, lo acepten o no, el hecho de la eliminación de una vida humana, tantos para los que están a favor como para los que están en contra. La prueba es que, siendo un hecho tan grave como creen, aceptan las reglas del sistema político y confían en que algún día puedan cambiar las leyes, mientras, continúan ocupándose de los asuntos políticos cotidianos, olvidándose por completo de este asunto, relativizándolo, al fin y al cabo. Incluso vemos cómo la jerarquía católica se relaciona amistosamente con los férreos defensores políticos del aborto. Pero las reglas de la democracia no son garantía de paz ante las diferencias radicales que puedan surgir entre posiciones políticas. La democracia estadounidense, tenida por muchos como la democracia más avanzada o incluso como la única verdadera democracia no pudo evitar la guerra civil originada por las tensiones entre norte y sur con la esclavitud como causa fundamental.

Y tampoco las mayorías que aprueban nuevas leyes equivalen a mayorías de la población. Descontando los que se abstienen o votan en blanco, los votos nulos, las candidaturas que han obtenido menos votos... encontramos que, en realidad, los que gobiernan y hacen las leyes sólo han recibido el respaldo de una parte de la población con derecho a voto que no es, ciertamente, la mayoría. Las mayorías que apoyan al gobierno y aprueban las leyes son más bien las minorías mejor organizadas o las más homogéneas del conjunto de la población. Se convierten en mayorías según las reglas de juego democráticas, aceptadas por el resto de minorías, menos numerosas. Incluso cuando la candidatura ganadora ha conseguido la mayoría absoluta es frecuente que siga estando en minoría respecto al número de personas que se han abstenido. El gobierno y la aprobación de leyes son posibles porque el resto de candidaturas que han conseguido menos votos aceptan las reglas de juego; porque la población con derecho a voto da su consentimiento tácito o porque no hay contestación debido a la falta de organización, disparidad de convicciones, división, incapacidad, incompetencia, ausencia de líderes, inaptitud para la participación en la cosa pública o desapego, por rechazo al sistema o por estar demasiado ocupados en sobrevivir y sacar adelante sus vidas y sus familias; o porque dedican todo su esfuerzo al propio interés y a sus ambiciones particulares.

Así pues, cuando se dice que ha ganado la mayoría no es sino por mor de un convencionalismo. Los titulares de la prensa del día siguiente a unas elecciones dirán que *España ha elegido tal cosa* o que *El pueblo español ha hablado*; asimismo, los ganadores, para justificar su victoria y la política que llevarán a cabo dirán, por ejemplo, que tienen que obedecer *el mandato de los españoles*, que *la mayoría de los españoles quieren* que pongan en práctica su política o que la aprueben; o que *la nación española nos pide que...*, que es *la voluntad general de los españoles que...* Pero todas estas expresiones se basan en una abstracción, son ilusiones, engaños creídos hasta por los mismos que las utilizan. Como si España, el pueblo, la nación, los españoles... fuesen un único individuo que expresa su voluntad o su parecer. Del mismo modo, decir que un Congreso, Parlamento o Asamblea Nacional representa a la Nación es un convencionalismo, una abstracción, no importa el procedimiento por el que hayan sido elegidos los diputados o representantes, ya sea el sistema proporcional o el mayoritario de distrito uninominal.

Como decir que la soberanía pertenece al pueblo. Se expresa en el artículo 1.2 de la Constitución de la siguiente manera: *"La soberanía nacional reside en el pueblo español, del que emanan los poderes del Estado"*. Parece inspirado en el artículo 20.2 de la Constitución alemana: *"Todo el poder del Estado emana del pueblo"*. Schmitt otorga, sin embargo, una importancia fundamental a estas expresiones: *"son las decisiones políticas concretas que proveen al pueblo alemán de su forma de existencia política y consecuentemente constituyen la condición previa para todas las normas subsecuentes, incluso para las leyes constitucionales"*.[140]

La soberanía la tiene el Estado, el que, según Weber, monopoliza la violencia como medio de dominación de un territorio. Esto es así desde que los habitantes de un territorio se unen para formar una comunidad política. Es, simplemente, la realidad. A este respecto, las leyes franquistas se expresan de manera más concreta: *"Al Estado incumbe el ejercicio de la soberanía a través de los órganos adecuados a los fines que ha de cumplir"*, dice el artículo primero II de la Ley Orgánica del Estado de 1967. Para estudiar esta esencia del poder sirve de ejemplo el proceso de integración de España en la Unión Europea. Entrar a formar parte de la UE e integrarse

---

[140] Schmitt se refiere a la Constitución de Weimar que en su Preámbulo dice: *"el pueblo alemán se ha dado esta Constitución"*, y en el art. 1.2: *"El poder del Estado emana del pueblo"*. Carl Schmitt, op. cit.

en ella conlleva la cesión de soberanía, sin embargo, no se le ha preguntado al supuesto poseedor de la soberanía, el pueblo español, si está conforme en ceder soberanía. Ni el pueblo español (estamos utilizando una abstracción, ¿quién es el pueblo español?) pidió integrarse en la Unión Europea. Podrá decirse que da su consentimiento tácito cuando no rechaza la integración europea y sigue votando a los partidos que la defienden. A esto podrá replicarse que las minorías rectoras se sirven de los resortes del poder y de su astucia para conducir al pueblo español adonde ellos quieren. Sea como fuere, al final, es la ausencia de un no lo efectivamente presente, y sirve de legitimador de las decisiones que han tomado los gobernantes.

Tener que apoyarse en un enemigo de la libertad política, como el Partido Comunista, muestra la impotencia de García-Trevijano y de los pocos independientes que le seguían. No cabe duda de que Trevijano ejerció gran influencia sobre el Partido Comunista y otros grupos más a la izquierda que el PCE, hizo que firmaran un programa donde se planteaba una consulta sobre la forma de Gobierno, su autoridad fue reconocida por su compromiso indudable para acabar con la dictadura y traer una democracia y seguramente también por su conocimiento de la teoría comunista. El Partido Comunista se aprovechó de la "operación Junta" y de la actividad impulsada por el abogado granadino como un medio para ser aceptado y reconocido como un partido con todos los derechos para participar en el juego político. También Trevijano se aprovechó de la capacidad de movilización del PCE para organizar las Juntas y convocar manifestaciones en beneficio de la Junta Democrática y la ruptura democrática. Si ya es anómalo apoyarse en partidos que no desean la libertad política ni un sistema fuerte de control y equilibrio de poderes, también lo es utilizar su lenguaje, el del materialismo dialéctico, para convencerles y defender la libertad política.[141] Y la mayor anomalía: inspirarse o imitar tácticas comunistas de conquista de la hegemonía cultural, porque si se hablaba de libertad en los centros de trabajo o en las universidades, no sería en absoluto la libertad burguesa o liberal más cercana a Trevijano. Es cierto que era el momento de la acción política, era el fin de una dictadura y se caminaba a un sistema democrático. Pero las circunstancias del momento eran las que eran, los partidos eran los verdaderos actores políticos. Trevijano pretendió que los partidos jugaran según sus reglas, por muy razonables que fueran, para llegar a una meta no deseada por éstos. Al final, la izquierda que le apoyó, y toda la oposición que firmó la declaración de Coordinación Democrática, demostró no ser tan ingenua como para dejarse convencer, la cuestión es si Trevijano lo fue tanto como para convencerse a sí mismo de que su estrategia tendría éxito. Sin duda una figura exótica, querer fundar la libertad imitando tácticas comunistas, de ahí su oportunismo político, adaptar el discurso según las circunstancias del momento.

Todo lo dirime la relación de fuerzas, Trevijano fue una persona muy influyente que consiguió que los partidos apoyaran algunos de sus postulados, durante un tiempo, por interés de partido. La historia del abogado granadino es la historia de la impotencia y la debilidad para llevar a cabo sus objetivos. Pretendió que otros, aun en contra de su propia naturaleza, hicieran lo que él era incapaz de realizar. Tiene mérito conseguir que los partidos firmaran un documento en el que se comprometían a celebrar un referéndum sobre la forma de Gobierno, aunque eso suponía poner en riesgo la democracia

---

[141] García-Trevijano escribió *La Alternativa Democrática* en 1977, su estilo está dirigido a las izquierdas marxistas, en estas buscó el abogado granadino su principal apoyo.

parlamentaria de tipo continental, la única que podían aceptar; pero era una ingenuidad creer que cumplirían ese punto.

Las circunstancias del momento eran unas, y también la realidad histórica y material española, como la gravedad que dirige las aguas por el terreno más favorable formándose así recodos y meandros, determinaron el curso de los acontecimientos durante la Transición. Es posible alterar el curso de un río, pero para ello es necesario la unión de muchas voluntades, el despliegue y uso de grandes recursos, un gran esfuerzo humano no exento de dolor y sacrificio, auténticos líderes... Otras veces no es posible oponerse a las fuerzas de la naturaleza.

Lo que es incuestionable es que Trevijano luchó con tenacidad y hasta de manera cerril por lo que creía a pesar de tener las circunstancias en contra y esto es lo más significativo, a pesar de la realidad en la que actuaba, no comprendida enteramente por el abogado granadino o no aceptada. Hasta que ineluctablemente fue apartado de la escena política por el PSOE, con la bendición del PCE y el resto de partidos, con el apoyo del Gobierno y para satisfacción de los americanos.

Era el momento de los partidos. Los partidos de masas no creen en una nación de ciudadanos sino en una sociedad de masas disponible para ser movilizada ideológicamente. La idea de Trevijano era construir la democracia de abajo arriba, la reforma se hizo de arriba abajo. Pero en realidad Trevijano desarrollaba su estrategia también en una dirección de arriba abajo, de su mente a la sociedad. Como el teórico dogmático que pone en práctica él mismo su teoría controlando minuciosamente su aplicación, siguiendo una lógica diseñada de modo que el paso A condujera al C. No tenía opciones de éxito porque resultaba artificial y forzado. No existía en la sociedad una demanda para elegir entre presidencialismo o parlamentarismo, ¡ni siquiera se movilizaron para demandar un referéndum sobre monarquía o república! Lo cual hubiera sido razonable después de un régimen dictatorial, como ocurrió en otros países europeos, y coherente con los postulados de los partidos. Las masas no se movilizaban espontáneamente, obedecían las consignas de las élites de los partidos, y las élites renunciaron incluso al referéndum sobre la forma del Estado con tal de participar en el poder. Aquí sí se puede hablar de una traición de los partidos a lo que habían defendido hasta ese momento: consultar a los españoles sobre la forma del Estado, preguntarles si querían una república o una monarquía. Aquí si había una razón para que las masas adheridas a los partidos reclamasen ese referéndum, pero no lo hicieron, las masas se dejan llevar por las élites.

Los españoles constituían una sociedad subordinada al poder. La amplia clase media quería avances democráticos, pero no aventuras, la ruptura democrática era percibida como tal, como una aventura peligrosa. El régimen franquista tenía un gran respaldo popular. No era una sociedad de ciudadanos acostumbrada a participar en los asuntos públicos, a considerar esa participación algo tradicional, a elegir a sus representantes y exigirles responsabilidad por sus actos. No era una sociedad de ciudadanos descendiente de unos peregrinos, fervientes religiosos pertenecientes a nuevas ramas cristianas, que portaban consigo los fundamentos de su sistema político, llegados a una nueva tierra en busca de la libertad religiosa, responsables ante sí mismos y ante Dios; habiendo cruzado un vasto océano, separados por una gran distancia de sus lugares de origen y de la metrópoli, circunstancia que favorecía por sí sola la emancipación. Ni las ideas de los hombres que hicieron la Constitución eran las mismas que las de unos delegados reunidos en una Convención Constitucional un verano de 1787 en Filadelfia, ni su país tenía las mismas características que el de estos. A diferencia de los delegados congregados en Filadelfia, los hombres de la Ponencia constitucional sabían -y también los españoles-, desde un principio, qué clase de sistema político resultaría.

El PCE

El PCE, sumado a la reforma emprendida por el gobierno, que no cuestionaba la forma de Estado ni de gobierno, ya no era tan peligroso como se había visto cuando se presentó como integrante de la Junta Democrática, fue aceptado como uno más. Un partido comunista aceptaba la Monarquía como forma de Estado. Carrillo se codearía con las máximas autoridades y mantendría una relación de amistad con el Rey Juan Carlos y el presidente Suárez. El primero, sucesor de Franco, había jurado los principios del Movimiento cuando fue coronado rey saltándose incluso el orden dinástico; el segundo, ex ministro-Secretario General del Movimiento.

Carrillo alabó la reforma de Suárez hecha de arriba abajo, lo que suponía una contradicción con lo defendido hasta entonces, y se congratuló de la negociación de la oposición con el gobierno en la Sesión del Congreso de los Diputados del veintisiete de julio de 1977 en la que los grupos parlamentarios hicieron las respectivas declaraciones políticas que inauguraban la legislatura salida de las elecciones generales del quince de junio de 1977: *"En este país ha habido la política de reforma, que consistió en regular y controlar desde arriba los cambios democráticos para que éstos no fueran ni demasiado rápidos ni demasiado profundos. Hay que reconocer al equipo reformista, y particularmente al Presidente Suárez, que, sin perjuicio de errores -y el tratamiento del problema vasco fue quizá el mayor, junto con la política de orden público-, el balance de su labor ha tenido éxitos, y uno de ellos, el más importante, que hayamos llegado a estas Cortes. Para ello ha sido igualmente decisiva la acción política de la oposición democrática, que ha combinado la presión y la negociación con gran sentido de responsabilidad".* Y reafirmó su aceptación de la forma de Estado: *"Nosotros hemos saludado cortésmente la presencia y el discurso liberal pronunciado el otro día en este recinto por el Jefe del Estado. Para los comunistas la cuestión esencial hoy no es Monarquía o República; es democracia o dictadura, y estamos dispuestos, en este momento, a subordinar nuestras preferencias por la forma política de gobierno al logro del más amplio consenso para la consolidación de la democracia".*

Ya no hay en realidad partidos comunistas, puesto que no aspiran a la dictadura del proletariado. Lenin llamaba traidores al socialismo y oportunistas a los socialistas que sólo aspiraban a un desplazamiento de la relación de fuerzas dentro del poder del Estado. El comunismo es una utopía, y por tanto irrealizable. Ya se ha comprobado su fracaso histórico, pero queda el nombre como una reliquia. Y no es que Lenin prohibiera la participación en los parlamentos burgueses, muy al contrario, mientras los revolucionarios no tuviesen la fuerza suficiente para disolver el parlamento era una obligación participar. No para instalarse en él sino para servirse de él como un instrumento para llevar a cabo la revolución. El comunismo persigue eliminar el parlamento burgués, pero si por las circunstancias del momento participar es lo conveniente se servirán de los instrumentos que le brinda la democracia burguesa para llevar a cabo la revolución socialista e implantar la dictadura del proletariado, estableciendo el socialismo, primera fase del comunismo.

Participar en los parlamentos burgueses forma parte de la táctica comunista para conquistar el poder, así también la participación en los sindicatos que los comunistas consideran reaccionarios. Pero, ¿no era el Sindicato Vertical algo más que el sindicato reaccionario de una democracia burguesa? ¿No era el sindicato de un Estado autoritario? Los jefes comunistas lo considerarían sin duda como una adaptación de las tácticas comunistas a las circunstancias del momento, a las características únicas y particulares de un país. El origen de la infiltración comunista en el Sindicato Vertical franquista pudo ser meramente oportunista cuando se dieron cuenta de que los trabajadores utilizaban el sindicato para reclamar mejoras salariales, aunque de cara a la propaganda ellos lo explicaran en 1949 como fruto de la labor del partido: *"Para ver en toda su amplitud y deducir las más justas enseñanzas de estas experiencias, debemos señalar que el trabajo del Partido y la influencia política del Partido han jugado y están jugando un papel importante en el incremento de las reclamaciones y peticiones de reivindicaciones económicas de los obreros, hechas en el seno de los sindicatos verticales. Los comunistas propagan y hacen ver a la clase obrera y a los trabajadores, que deben reclamar y exigir más salarios y mejores condiciones de vida desde el interior de los sindicatos verticales. Los comunistas propagan y hacen ver a la clase obrera y a los trabajadores que hay que aprovechar y saber utilizar las escasas posibilidades legales que aún exis-*

ten para reclamar y luchar desde los sindicatos vertica-les".[142] Durante las décadas siguientes la táctica del Partido Comunista será infiltrar a los miembros de Comisiones Obreras en el Sindicato Vertical, promoviendo la participación en las elecciones sindicales con candidaturas unitarias. A los elegidos el Partido Comunista los considera legítimos representantes de los trabajadores, *"son representantes de los trabajadores que éstos han designado aprovechando la ocasión de las elecciones".[143]* Justificaban esta táctica diciendo: *"Aprovechemos las elecciones sindicales para conquistar posiciones que nos permitan impulsar toda la lucha obrera y destruir los sindicatos verticales";[144] "CCOO no ha entrado en el Sindicato Vertical para pactar con él, sino, como es notorio, para romperle".[145]* Bien, a pesar de décadas de infiltración no consiguieron romper el Sindicato Vertical desde dentro, este terminó de manera natural, puede decirse, con el fin de la dictadura una vez muerto el General Franco. Aunque las candidaturas de Comisiones Obreras defendieran mejoras laborales, ¿no significaba en realidad legitimar la naturaleza del sindicato franquista y las elecciones sindicales? Comisiones Obreras asimilaba así la naturaleza de un sindicato estatal, algo natural por otra parte en un sindicato comunista, porque esa es una naturaleza más similar a la suya: la de sindicato de un Estado socialista en una dictadura de partido único. Y aunque en la nueva democracia existieran multitud de siglas sindicales, ¿no seguían manteniendo los sindicatos esa misma naturaleza? Pudo haber sido más evidente la similitud con el Sindicato Vertical de haber tenido éxito las pretensiones de conseguir la unidad de todos los sindicatos ilegales, el mismo Carrillo defendía en mayo de 1977 un único sindicato en el

---

[142] Mundo Obrero, n° 188, 1949, "Resultados y experiencias de las luchas de los trabajadores desde los Sindicatos Verticales".
[143] Mundo Obrero, n°18, 1976
[144] Mundo Obrero, n° 8, 1971
[145] Mundo Obrero, n° 21, 1976

que todas las tendencias políticas estuviesen representadas.[146]¿No siguen siendo sindicatos de Estado al ser subvencionados por este, no influyen en la legislación laboral considerándose legítimos representantes de los trabajadores porque han obtenido un porcentaje de votos en unas elecciones sindicales, porcentaje que determinará el peso de las subvenciones que reciban y su influencia política? ¿Acaso no basta para estar representado por un sindicato simplemente estar afiliado y pagar la cuota correspondiente? ¿No se ha mantenido la verticalidad sindical en su esencia, verticalidad que incluye también a la patronal pues es igualmente subvencionada por el Estado? ¿No es una manifestación de esta verticalidad las reuniones del gobierno junto a los sindicatos y la patronal, como si los tres fueran distintas secciones de una misma cosa? El sindicato entonces funciona como un instrumento del Estado, como ocurría en la Unión Soviética, es un órgano más del Estado, su función social de proteger y defender los intereses de los trabajadores queda en entredicho.

Aunque no se aspire ya a la dictadura del proletariado las reglas de juego de la democracia del 78 permiten alcanzar el poder y mantenerlo como en una dictadura. Y esto es cierto para el PCE y para cualquier otro partido, no importa las siglas o su ideología. El sistema político español de representación proporcional permite que un partido se haga con el poder y lo ejerza de forma dictatorial sin que parezca que es una dictadura. Con ese sistema un partido puede mantenerse en el poder gracias a que dispone de la maquinaria de coacción del Estado (la inscripción automática en un censo electoral, la obligatoriedad de participación en las mesas bajo pena de multa o cárcel, el poder administrativo para marginar al disidente y promocionar al afín...), de los medios de propaganda, del apoyo y dependencia de una red clientelar. Así, seguirá

[146] Cable 1977MADRID04051_b

existiendo una oposición, pero ésta estará controlada y sin posibilidades de triunfo; seguirán celebrándose elecciones que serán un mero trámite para legitimarse ante los ojos del mundo como una democracia. Esto ocurre en países que son verdaderas dictaduras, y explica por qué en algunas regiones españolas hay partidos que logran mantenerse en el poder durante décadas. Al partido comunista, si todavía mantiene una aspiración totalitaria, le interesa más un sistema político de esta clase en el que puede conquistar el poder que no un sistema con separación de poderes, del Ejecutivo y el Legislativo, sistema político que hará prácticamente imposible la consecución de sus objetivos y que podía haber sido elegido por los españoles si el periodo constituyente y la consulta sobre forma de Estado y Gobierno que defendió Coordinación Democrática hubiera tenido lugar. La traición a esas aspiraciones por el PCE -y por todos los partidos- era previsible, el compromiso firmado por todos ellos para realizar esa consulta no era creíble.

La preferencia del PCE por un sistema sin separación de poderes ya fue expresada explícitamente en su Declaración por la Reconciliación Nacional de 1956. En ella defienden para España un régimen parlamentario, una democracia parlamentaria, teniendo en mente por supuesto un régimen parlamentario europeo continental, un régimen partidocrático. Porque la idea de un régimen parlamentario como el inglés, con diputados de distrito uninominal y sistema mayoritario, es extraño para la mayoría de los partidos europeos y no se desea. Se dice en la declaración del partido comunista de 1956: *"La vida impone encontrar un terreno en el que podamos convivir y donde cada uno pueda propugnar libremente sus ideas y soluciones. Y ese terreno, en esta situación concreta, no puede ser otro que la democracia parlamentaria"*. Era el sistema parlamentario el único que aceptaría el PCE, un sistema presidencialista sería rechazado categóricamente por el partido comunista y demás partidos con fuerte mentalidad estatalista como el PSOE. Es lógico, la tendencia natural es conquistar el poder del Estado a través del parlamento, un presidente enfrentado al parlamento puede obstaculizar y frenar totalmente sus pretensiones. Para los comunistas el presidencialismo es autoritarismo, no lo aceptarían ni bajo la forma de una monarquía presidencialista. Carrillo decía en 1977 cuando se estaba elaborando la Constitución: *"Si se va a un sistema de presidencialismo gubernamental bajo la monarquía, entonces tendríamos algo que, no siendo exactamente franquismo, tampoco sería un régimen democrático y parlamentario [...]Por el contrario, si se va a un Estado democrático y parlamentario, los comunistas no cuestionaremos hoy la Monarquía... no romperemos el pacto tácito que viene actuando en estos meses. Y no lo romperemos porque consideramos que la cuestión hoy es dictadura o democracia, y no república o monarquía'"*.[147] Sólo un sistema parlamentario sería aceptado por el PCE y por los partidos de fuerte mentalidad estatalista como el PSOE. No era concebible que fueran a cambiar ese sistema en la Constitución que se estaba elaborando, ya había sido aceptado tácitamente por todos, como condición irrenunciable para unos. Un sistema presidencialista como el estadounidense, con elección del ejecutivo y del legislativo por separado, no fue contemplado ni por los franquistas aperturistas que hicieron la reforma ni por los partidos de la oposición que sólo aceptarían un parlamentarismo bajo el sistema electoral proporcional. En su libro *Después de Franco, ¿qué?* escrito en 1965, Carrillo esboza el sistema político preferido por el partido comunista y que conseguiría imponerse como aspiración común de los grandes partidos de la oposición: un Parlamento como órgano central

[147]Mundo Obrero, nº35, 30 de agosto de 1977

elegido por sufragio universal y el sistema de representación proporcional. El poder Ejecutivo sería nombrado por el Parlamento y actuaría bajo el control directo del mismo.[148]

El lobo con piel de oveja

Carrillo había manifestado repetidamente que el PCE era independiente de Moscú y que su opción política era la vía del eurocomunismo crítica con la dominación soviética de los países de la Europa del Este. En respuesta a las presiones soviéticas para influir en el PCE y hacerlo más pro soviético el Partido Comunista emitió un comunicado el veinticinco de junio de 1977 en el que decía: *"La 'vía del eurocomunismo' ofrece la única alternativa válida para el avance del socialismo en países capitalistas como España; [...] el eurocomunismo concibe el socialismo como 'un régimen dentro del cual se realiza el más amplio despliegue de la democracia y las libertades individuales'; el PCE no debe ninguna disciplina a ningún centro o partido principal, mundial o regional"*.[149] Los americanos daban cierta credibilidad a las declaraciones de Carrillo pero cuestionaban sus convicciones democráticas: *"Carrillo probablemente es honesto en su deseo de independencia de Moscú, pero sus aseveraciones democráticas son de dudosa validez, pueden responder solamente a las realidades presentes de la sociedad en la que él opera"* y mantenían sus reservas respecto al PCE: *"A pesar de su vestimenta de oveja, el PCE sigue siendo sin duda muy sospechoso"*.[150] En verdad, los comunistas habían ido suavizando su discurso a medida que veían cercana una participa-

---

[148] Santiago Carrillo, *Después de Franco, ¿qué?,*Editions Sociales, París, 1965, p. 101
[149] Cable 1977MADRID04849_c
[150] Cable 1978MADRID01664_d

ción legal en la política. Los americanos tenían todas las razones para sospechar del PCE porque su conducta respondía más bien a una táctica para ser aceptados antes que a un convencimiento democrático. En su libro *Eurocomunismo y Estado* Carrillo dice que el eurocomunismo y la renuncia a la dictadura del proletariado no son una estratagema, no son el lobo que se cubre con una piel de oveja; pero también dice que el eurocomunismo no significa la renuncia al marxismo revolucionario ni la adopción de la socialdemocracia.[151] Pero esto supone una contradicción lógica. Porque cuando se dice que se renuncia a la dictadura del proletariado es porque se adopta la socialdemocracia, sin embargo, niega que esto sea así, dice por el contrario que no se renuncia al marxismo revolucionario. Esto es un imposible. Escribe Lenin en *Estado y Revolución* que, aunque el paso del capitalismo al comunismo puede tener numerosas y diversas formas la esencia de todas ellas será siempre una: la dictadura del proletariado. Si se dice que se renuncia a la dictadura del proletariado y a la vez que no se renuncia al marxismo revolucionario sólo cabe entonces considerar una nueva forma de dictadura del proletariado, o llámese igualmente dictadura de partido único, a saber, una dictadura ejercida con métodos sutiles, un totalitarismo sutil, donde en lugar de la represión se utilice la persuasión, pero donde se dibujará igualmente una sociedad de masas totalitaria en la que se ejerce un control y dominio total sobre los individuos. Los dictadores de los regímenes comunistas dicen que en sus países se vota, que existe democracia.

Cuando Carrillo define los rasgos del eurocomunismo enumera entre ellos el pluripartidismo y la vía parlamentaria. Esto es muy significativo: que se diga vía parlamentaria y no parlamentarismo porque no es el parlamentarismo en sí lo que defiende el eurocomunismo. El comunismo no nació para

[151] Santiago Carrillo, *Eurocomunismo y Estado,* Editorial Crítica, 1977, pág. 196

permanecer en el parlamentarismo de una democracia liberal o burguesa. Esta no es más que una vía para realizar su objetivo, que no es otro que el socialismo. Carrillo insiste en su libro que el propósito es cambiar el sistema social. El eurocomunismo es una vía más lenta para llevar a cabo la revolución, más cauta para no provocar la reacción del adversario, que contempla la coexistencia de formas públicas y privadas de propiedad durante un largo periodo. La meta sigue siendo la misma, el socialismo. La democracia es para los comunistas una vía para llegar a su meta. Llegados a ella no puede haber disidentes, esto es incompatible, no puede haber defensores del capitalismo, de la democracia burguesa o liberal; si los hay, políticamente estarán neutralizados y serán inofensivos.

¿Por qué confiar en las intenciones democráticas de los comunistas, por extensión, de todos aquellos grupos derivados del marxismo, aun en sus formas exóticas sudamericanas más recientes? En otras palabras, ¿por qué confiar en una ideología que considera la democracia como un estado transitorio, como una vía para realizarse, y cuya compleción implica la desaparición de la democracia en su forma inicial? *La vía democrática al socialismo* significaba para los comunistas de entonces -y siempre- servirse de la democracia como un vehículo para realizar *su democracia*. Sánchez Montero, del Comité Central del PCE lo ejemplifica del siguiente modo: *"Desde el punto de vista teórico (y la teoría se convierte en utopía si no tiene una viabilidad práctica), la vía democrática hacia el socialismo consiste, para mí, en el desarrollo constante de la democracia (democracia burguesa, democracia popular, democracia socialista) en todos los aspectos de la vida política, económica, social, cultural, etc., hasta construir la sociedad socialista".*[152]

Desde que en la década de los cincuenta el Partido Comunista de España diera un cambio a su estrategia de enfrentamiento hostil y apostara por la política de reconciliación nacional, el discurso de los comunistas fue suavizándose para vencer recelos de unos y de otros. No hay que olvidar que el PCE fue un instrumento de Stalin durante la Guerra Civil y que para conquistar su posición hegemónica durante la misma tuvo que valerse de la represión sobre otras corrientes de izquierda. Sin duda fue la fuerza más organizada y disciplinada entre las izquierdas, sabiendo anteponer el esfuerzo bélico a la realización de la revolución social. Ni todas las tendencias de izquierda tenían el mismo concepto de la revolución ni tampoco estaban de acuerdo en el momento y el tempo adecuado para llevarla a cabo. El Frente Popular no tenía como objetivo la defensa del parlamentarismo, los socialistas no intentaron la revolución en el 34 para defender el parlamentarismo de la república sino para hacer la revolución socialista. El parlamentarismo era igualmente una vía para llegar al socialismo.

La suavización de la postura política del PCE para ser aceptado, o si se quiere, el ir vistiéndose con el disfraz de piel de oveja, puede verificarse en varios temas. Por ejemplo, el tema de las bases americanas. El Partido Comunista siempre estuvo en contra de la presencia militar americana en suelo español. En 1970, era portada de Mundo Obrero una declaración del Comité Ejecutivo del PCE que llevaba como título: *¡Reforcemos la lucha contra las bases yanquis!*, en el que se decía: *"El Partido Comunista de España, desde 1953, desde el momento en que se firmaron los acuerdos con EEUU, viene denunciando las bases y luchando por su liquidación.*

[152] Mundo Obrero, nº 19, 1973

Durante bastantes años hemos estado solos, como fuerza po-
lítica, o casi solos, en la defensa de tal posición".[153] El eslogan
¡Fuera las bases yanquis de España! fue utilizado por los comunistas. Cinco años más tarde, en 1975, Carrillo dice en una
entrevista para la revista Time que *"Los americanos pueden*
estar en España en tanto en cuanto los rusos tengan tropas
en Checoslovaquia".[154] El Secretario General del PCE aprove-
cha esa entrevista para distanciarse de Cunhal: *"Lo que sor-*
prendió realmente a Fuerbringer [vicepresidente de Time]
fue el intento hecho por Carrillo para reprender a los Esta-
dos Unidos por haber fracasado en tomar las medidas que
hubieran evitado que las cosas en Portugal hubieran ido tan
lejos. Creía que los Estados Unidos, como potencia que es,
debería haber encontrado, en tiempos de Espínola, alguna
manera de evitar que Cunhal se apropiara de la revolución
portuguesa". No hay duda de que Cunhal mantenía una línea
más acorde con la tradicional marxista y leninista y no lo
ocultaba. Por eso en la Unión Soviética era mejor considerado
que otros líderes comunistas europeos como el propio Santiago Carrillo o Enrico Berlinguer, partidarios del eurocomunismo. Así de claro y brusco se expresaba Álvaro Cunhal en
una entrevista con Oriana Fallaci: *"Si usted piensa que el Par-*
tido Socialista con el 40% de los votos y el Partido Democrá-
tico Popular con el 27% constituyen una mayoría, se equi-
voca. No tienen la mayoría. Las elecciones tienen poco o
nada que ver con la dinámica revolucionaria. El proceso
electoral es completamente marginal a esa dinámica. Y si
cree que la Asamblea Constituyente se desarrollará sin la
MFA [Movimiento de las Fuerzas Armadas] *está cometiendo*
un tremendo error. Si piensa que la Asamblea Constituyente
se transformará en un Parlamento está cometiendo un error
ridículo. La Asamblea se desarrollará dentro de un marco

---

[153] Mundo Obrero, n° 11, 1970
[154] Cable 1975PARIS18066_b

bien determinado y condicionado por los acuerdos firmados con la MFA... porque es la MFA la que hizo la revolución del 25 de abril, no el Partido Socialista [...] Nosotros los comunistas no aceptamos este juego de las elecciones. La solución de nuestros problemas descansa en la dinámica revolucionaria. El proceso democrático burgués confiaría en los viejos conceptos de las elecciones, invocando legalidad. Usted habla de leyes que deben ser respetadas. Pero en el proceso revolucionario las leyes son hechas, no respetadas. ¿Entiende? La revolución no respeta la ley, la hace". Sobre la posible adopción de la vía Togliatti, asumiendo el PCP la participación parlamentaria en la llamada democracia burguesa, responde Cunhal: *"No (siete veces): ya hemos conseguido mucho más. Hoy los bancos privados no existen en Portugal, todos los sectores fundamentales están nacionalizados, la reforma agraria está a punto de llevarse a cabo, el capitalismo está destruido, los monopolios están a punto de ser destruidos, y todo esto es un proceso irreversible. Por tanto, a los comunistas de los países occidentales, a sus quejas, respondemos: Nosotros no esperamos a los resultados de las elecciones para cambiar las cosas y destruir el pasado. Nuestra revolución no tiene nada en común con vuestros sistemas".*[155] Posteriormente a la publicación de la entrevista, Cunhal acusó a Oriana Fallaci de haber tergiversado tendenciosamente sus declaraciones, Fallaci respondió diciendo que tenía las cintas grabadas de la entrevista que respaldaban el texto.

La suavización del discurso, disfrazarse con la piel de oveja para ser aceptado primero y luego ir modificando las condiciones políticas casi de manera imperceptible, es una maniobra que responde al fin y al cabo a la táctica comunista de adaptación a las circunstancias del momento. Otro tema en el

---

[155] Cable 1975ROME08295_b

que se aprecia esta maniobra, y aquí el historiador no puede permanecer pasivo porque es el poder político el que está favoreciendo que se implanten determinadas versiones de la historia a través de la legislación, es la actitud de los partidos de izquierda respecto a la Guerra Civil española. Se dice en la Ley 52/2007 de 26 de diciembre, conocida como Ley de Memoria Histórica, que: *"no es tarea del legislador implantar una determinada memoria colectiva"*, pero eso es precisamente lo que hace esta ley cuando dictamina sobre qué es democracia y quiénes eran sus defensores. No es admisible desde una perspectiva objetiva considerar defensores de la democracia a quienes pretendían realizar una revolución social utilizando para ello las estructuras y procedimientos de una no democracia liberal como fue la Segunda República. Digo no liberal porque no es razonable considerar democracia liberal un sistema que se declaraba *"república de trabajadores"* y que, en su Constitución, que reflejaba una ideología socialista, dejaba fuera del mismo a una importante porción de españoles invitando con ello al conflicto civil. Pero esta ley llama "defensores de la democracia" a los integrantes del Frente Popular, a los brigadistas internacionales, a los combatientes guerrilleros. Por tanto, está llamando defensores de la democracia a los integrantes de partidos que perseguían la revolución social, defensores de ideologías totalitarias, muchos de ellos bajo la disciplina del Partido Comunista cuya estrategia era marcada desde la Unión Soviética por Stalin. Esta Ley dictamina que la rebelión del ejército contra la República significó la utilización de la violencia con la finalidad de imponer unas convicciones políticas y establecer un régimen totalitario, no contempla las circunstancias por las que se produjo la rebelión: la ausencia de garantías constitucionales, la celebración de elecciones bajo la intimidación y violencia de grupos de izquierda, secuestro de urnas, falsificación de actas...[156] El régimen de Franco fue autoritario como se ha dicho anteriormente, no totalitario. Es una gran contradicción que esta ley deslegitime por tanto el franquismo cuando legalmente la democracia actual procede de una evolución legal del mismo. Es una gran contradicción que el rey Juan Carlos sancionara esta ley cuando debe la corona a la reinstauración monárquica efectuada por el General Franco.

Ortega y Gasset, en el ensayo *Epílogo para los ingleses,* condenaba el atrevimiento con el que los corresponsales e intelectuales extranjeros hablaban sobre la Guerra Civil española porque sus opiniones demostraban una total ignorancia de la realidad española y de las causas que habían llevado a la guerra civil. Condena que dirigía en particular a Albert Einstein por su apoyo a la República que calificaba de *insolente intervención* por estar basada en *una ignorancia radical.* Hoy en España se ha impuesto la visión errónea que tenían los extranjeros que apoyaban a la república. Incluso la llamada derecha española, el PP, comparte la tesis que propugna la Ley de Memoria Histórica, a saber, que la Segunda República era una democracia, que el Frente Popular era un defensor de la democracia, que parte del ejército se rebeló contra la democracia, y que incluso, ya terminada la guerra, quedaron combatientes demócratas por las sierras y montañas de España

---

[156] Todo esto queda expuesto en los diarios del Presidente de la República Niceto Alcalá-Zamora. Los historiadores Manuel Álvarez Tardío y Roberto Villa García aportan abundante información que respalda las declaraciones del que fuera Presidente de la República en su libro *1936. Fraude y violencia en las elecciones del Frente Popular.* No es la tesis de los historiadores que se estuviera produciendo una revolución, aunque es evidente que se trataba de un asalto revolucionario al poder aprovechando los procedimientos electorales de una democracia (no) liberal con graves defectos de diseño, sostienen más bien que las graves irregularidades se explican porque la República era una democracia poco consolidada. En cualquier caso, reconocen los autores que el origen de una convivencia difícil o imposible entre dos bandos está en la misma fundación de la República y esto es clave para entender por qué se llegó a una guerra civil. Su trabajo es una valiosa aportación en este sentido, una contribución muy importante para comprender el 36 y todo lo que este significa y poder así superar el guerracivilismo que envenena la política española.

luchando por la democracia. Hoy, los españoles, sin distinciones por nivel cultural, institucional o político, son igual de ignorantes de la realidad y de la historia española como lo eran los extranjeros que apoyaban a la República.[157]

Carrillo decía a finales de 1976 que los comunistas *"no pretendemos ganar 37 años después la guerra que perdimos en 1939"* ni *"dar la vuelta de la tortilla"*.[158] Y en octubre de 1977, cuando se promulgó la Ley de Amnistía, la portada de Mundo Obrero llevaba un artículo con el título: *Amnistía de todos*, en el que se decía: *"Puede decirse que, desde el pasado día 6, con la aprobación del proyecto de ley sobre amnistía, la reconciliación nacional entre los españoles se ha conseguido plenamente. La amnistía total cierra para siempre el capítulo amargo de la guerra civil de 1936-1939. Cuarenta años de odio sostenido desde la dictadura han muerto dialécticamente ante la voluntad de paz y libertad de todos los pueblos de España"*.[159] Pues bien, la Ley de Memoria Histórica de Rodríguez Zapatero reabre el capítulo amargo de la guerra civil (*"Nuestra guerra nacional revolucionaria"*, en palabras de Santiago Carrillo[160] y Dolores Ibárruri[161]); se reaviva la dialéctica del odio; pretenden los perdedores de la guerra (mantienen incluso las mismas siglas) ganar, por vía legislativa, siete

---

[157] Una intervención del concejal del PP en el ayuntamiento de Madrid, Don Pedro Corral, tuvo una importante repercusión mediática a resultas de un debate sobre la aplicación de la Ley de Memoria Histórica, los periódicos titularon la noticia como "Un concejal del PP saca los colores a Manuela Carmena con la Ley de Memoria Histórica". Pero el concejal del PP no criticaba la ley, muy al contrario, se apoyaba en ella y argumentaba que se hacía *"un uso sesgado y sectario de la ley"*, apelaba al espíritu de la ley, el que *"la propia norma invoca en su exposición de motivos y que no es otro que el espíritu de reconciliación y concordia"*. Explicaba el señor Corral que el PP estaba *"en contra de que la ley se aplique como la aplicó el dictador Francisco Franco... que canceló la mitad de la historia, dio por malos o arbitrarios los crímenes del bando contrario y por buenos y necesarios los crímenes del propio"*. Pero el concejal no ve o no quiere ver que no se está haciendo un uso sesgado y sectario de la ley, sino que se está aplicando según su verdadero espíritu.
[158] Mundo Obrero, semanal septiembre, 1976
[159] Mundo Obrero, n° 41, 1977
[160] Mundo Obrero, n° 12, 1969
[161] Mundo Obrero, n° 7, 1970

décadas después la guerra que perdieron; pretenden, en definitiva, dar la vuelta de la tortilla. Ninguna persona decente puede negarse a que se desentierren fosas de asesinados y se les dé una más digna sepultura, pero no es ese el propósito de esta Ley como se ha explicado.

Carrillo presenció emocionado desde la Tribuna del Congreso la aprobación de esta Ley en octubre de 2007. Contradecía por completo sus palabras y la línea política de su partido durante la Transición. Pero ahora se justificaba diciendo que si hubieran planteado entonces una ley similar o lo que en ella se dice *"habrían provocado el reforzamiento de la unidad entre los ultras y los reformistas"*.[162] Adaptación a las circunstancias del momento, táctica coyuntural, para una meta que es siempre la misma: la sociedad socialista.

Es tan evidente el objetivo comunista que cuesta creer que se les abra tan alegremente la puerta de la participación democrática a unos grupos que pretenden nada más y nada menos que suprimir las actuales reglas de juego y persiguen la transformación de la sociedad. Se les dice: "de acuerdo, se les da la oportunidad de hacer su revolución social si son respaldados por la mayoría de los votantes aun sabiendo que ustedes no creen en la democracia sino como un medio del que se sirven y que destruirán una vez conseguidos sus objetivos; aun sabiendo que defenderán las libertades individuales, de las que se aprovecharán, hasta que consigan la conquista del poder, cuando se suprimirán para los opositores, sean burgueses o no, al socialismo". ¿O acaso ha existido, o existe, un régimen socialista que contemple la vuelta al capitalismo o a

---

[162] En el programa de La 2 de TVE, *Negro sobre Blanco* de Fernando Sánchez Dragó, en un debate con Gustavo Bueno sobre el mito de la izquierda, título de un libro del filósofo español.

las formas de la democracia liberal? ¿Alguien en su sano juicio concibe que un comunista acepte la participación bajo unas reglas democráticas, que haga su revolución socialista, que mantenga intactas las reglas de juego y todas las garantías democráticas en especial la de la propiedad privada y que si pierde en unas posteriores elecciones, acepte retirarse y contemplar cómo se revoca su revolución y se vuelve al sistema de mercado libre y a la situación inicial, quedando a la espera de volver a reunir los apoyos suficientes entre el electorado para reiniciar una vez más su revolución social? No es realista. Claro que esta objeción habría que hacerla respecto a cualquier partido, fuese cual fuese su ideología, que aspire a servirse de las reglas democráticas para realizar un radical cambio de las mismas o su eliminación.

En 1965 el Secretario General del PCE plantea el logro del socialismo a través de una democracia parlamentaria. Defiende, como es natural en un comunista o socialista, la socialización gradual de los medios de producción y la conquista del poder por las masas obreras con la meta de realizar el socialismo.[163]

Con motivo de la Conferencia Internacional de los Partidos Comunistas y Obreros celebrada en Moscú en junio de 1969, Santiago Carrillo dijo en su intervención que: *"nuestro Partido considera su misión conquistar el poder, en unión de otras fuerzas socialistas y progresistas de nuestro país, para realizar la revolución por los caminos y en las formas que corresponden a la España de hoy en el mundo de hoy"*.[164]

El número de abril de 1970 de Mundo Obrero publicaba un artículo de Carrillo en el que decía: *"Nuestro Partido es un partido marxista-leninista por su doctrina y por su práctica.*

[163] Santiago Carrillo, *Después de Franco, ¿qué?*, págs. 121 y 147
[164] Mundo Obrero, nº 12, 1969

Su objetivo máximo, fundamental, es la realización de la re-volución socialista en España".[165]

En 1971, salió a la luz el libro escrito por el Secretario Gene-ral del PCE: *Libertad y Socialismo*, en el que manifiesta inequívocamente que la democracia no es sino la primera fase de un proceso ininterrumpido de lucha por el socialismo, una etapa en el camino de la lucha por el socialismo. Proclama que los comunistas españoles luchan por su revolución que a la vez es contribución a la revolución mundial, a la gran causa del comunismo. Se explica ante los impacientes preguntán-doles si acaso tienen la fuerza necesaria para saltarse etapas y lanzarse a la conquista directa del poder.[166]

El órgano de propaganda del Partido Comunista publica en 1971 una declaración del Comité Ejecutivo del PCE a propó-sito del Primero de Mayo, en un estilo enardecedor, como es típico de las organizaciones que se dirigen a sus masas o miembros, he aquí un extracto del mismo: *"¡La meta de nues-tras luchas es la revolución socialista! Pero no hay otro ca-mino para avanzar hacia el socialismo que la conquista pre-via de las libertades democráticas. Para nosotros, la lucha por la democracia es parte integrante de nuestra lucha por el socialismo. ¡Viva una España democrática y socialista! Nuestra lucha es parte de la lucha del proletariado de todo el mundo, de la lucha de las fuerzas progresivas y revolucio-narias a escala internacional. ¡Viva el internacionalismo proletario, viva la unidad en el combate antiimperialista! Reafirmamos nuestra fraternidad y solidaridad con los paí-ses socialistas. ¡Abajo el imperialismo yanqui, gendarme de*

---

[165] Mundo Obrero, n° 7, 1970
[166] Santiago Carrillo, *Libertad y Socialismo*, págs. 30, 111 y 126

la reacción mundial, culpable de crímenes y genocidios ho-
rrendos! ¡Fuera las bases yanquis de España!".[167]

Dolores Ibárruri, en el discurso de clausura del Pleno del Comité Central del PCE, en septiembre de 1973, decía: *"El socia-*
lismo es nuestra meta; y al socialismo sólo puede irse a tra-
vés de la democracia, como lo han demostrado todas las
revoluciones socialistas victoriosas que hemos conocido en
esta época nuestra".[168]

Como podemos comprobar, los comunistas no ocultan que
conciben la democracia como una etapa, una situación transitoria en el camino hacia la meta irrenunciable: la sociedad
socialista.

¿Cómo extrañarse de que los americanos considerasen al
PCE, a pesar de su vestimenta de oveja, muy sospechoso?
Aunque los partidos comunistas europeos afirmasen su independencia de Moscú, ideológicamente seguirían alineados
con la URSS. Es lógico, dentro de su estrategia global, que los
EEUU obstaculizaran el avance de los partidos comunistas.
Porque si los partidos comunistas ganaban influencia política
en sus países también la Unión Soviética ganaba influencia a
escala global.

Cuando en un país acontece un profundo o radical cambio
político, una revolución de cualquier tipo, los únicos actores
políticos no suelen ser los nacionales. Lo normal es que, sea
de manera directa o indirecta, en mayor o menor medida, actores internacionales también participen. Porque lo que su-
ceda en ese país en cuestión afectará a la relación de fuerzas
existente a nivel global. Y la Transición española no fue una

---

[167] Mundo Obrero, nº 8, 1971
[168] Mundo Obrero, nº 15, 1973

excepción. Los Estados Unidos y los países occidentales influyeron para que España formara parte de la OTAN y se convirtiera en uno más entre los países aliados occidentales. De esta manera, los Estados Unidos reforzaban el bloque occidental frente al soviético y garantizaban el acceso continuado al Mediterráneo a la vez que expandían y mejoraban las condiciones de mercado para sus empresas.[169] Por la otra parte, la Unión Soviética y los países del Este trataron de influir para mantener a España fuera de la OTAN y atraerla bajo el paraguas soviético.

Hoy, ya sin la Unión Soviética, sigue ocurriendo lo mismo. Actores internacionales tratan de influir en las políticas nacionales para defender sus intereses. Ahora el mundo parece estar multipolarizado, pero sigue distinguiéndose dos grandes influencias: la de los Estados Unidos y la de Rusia. Hace casi dos siglos, Tocqueville ya supo ver que estos dos países parecían llamados a ejercer su influencia cada uno sobre una mitad del mundo.[170]

En junio de 1975 Stabler elabora un informe para Kissinger en el que da una perspectiva general de las fuerzas políticas en España en ese momento. Termina diciendo que: *"En un mensaje subsiguiente haré recomendaciones sobre qué podríamos hacer de manera provechosa para apoyar aquellas tendencias políticas que parecieran más adecuadas para favorecer los intereses de los Estados Unidos".*[171] Los Estados Unidos no se mantuvieron al margen aunque así pudiera parecer, Stabler envía al Secretario de Estado en enero de 1976 el borrador de un discurso para un brindis que Kissinger podría utilizar en una cena con Areilza como anfitrión, se dice en dicho borrador: *"Lo que España haga depende de España.*

[169] Cable 1976MADRID01849_b
[170] Alexis de Tocqueville, *La democracia en América.*
[171] Cable 1975MADRID03835_b

Nosotros no intervendremos ni interferiremos. Pero los Estados Unidos -y hablo por el Ejecutivo, el Congreso y el pueblo americano- apoya a su rey, a su gobierno y a su pueblo en el intento de guiar España por un camino de desarrollo político y social con nuevos vínculos con el resto de Europa y la Comunidad Atlántica".[172]

Pero esto implica que Estados Unidos apoyará al rey Juan Carlos y por tanto no favorecerá la celebración de un referéndum sobre la forma de Estado; y, en segundo lugar, que Estados Unidos apoyará al Gobierno y en consecuencia favorecerá la reforma y no la ruptura democrática. Además, implica que el apoyo estadounidense está motivado por sus intereses estratégicos: que España se integre en la alianza occidental y atlántica. Juan Carlos, sucesor de Franco, recibió el respaldo americano y fue reconocido por los Estados Unidos como el guía que llevaría España hacia la democracia. Como muestra de este sólido apoyo el rey fue invitado a dar un discurso en el Congreso de Estados Unidos en junio de 1976.

La Revolución de los Claveles no determinó como factor único la postura del Gobierno estadounidense respecto a los partidos comunistas europeos y por ende su posición respecto al Partido Comunista de España durante la Transición. Y no hay duda de que la situación portuguesa supuso un quebradero de cabeza para el Departamento de Estado, dice el embajador estadounidense en Lisboa, Frank C. Carlucci, en marzo de 1976: *"Probablemente ningún país de sus dimensiones provocó a los Estados Unidos y a la OTAN más ardor de estómago el último año que Portugal".[173]* El mismo Carrillo niega en su libro *Eurocomunismo y Estado* que los acontecimientos en Portugal hubieran condicionado la posición

[172] Cable 1976MADRID00357_b
[173] Cable 1976STATE062703_b

estadounidense hacia el Partido Comunista de España. Cita un discurso de Kissinger ante los embajadores en el que el Secretario de Estado dice que no es sólo porque Cunhal sea un estalinista por lo que están en contra de la evolución hegemónica del partido comunista en Portugal. La presencia de los partidos comunistas en gobiernos europeos, aun los que desde hacía tiempo habían aceptado el juego parlamentario, como el partido comunista italiano -por la fuerza de las circunstancias antes que por convencimiento democrático- no era compatible con la pervivencia de la alianza occidental. No era concebible que la OTAN y la alianza con los países europeos occidentales sobreviviera como hasta entonces si el gobierno de alguno de esos países estaba bajo el control de los comunistas.[174]

La política del Gobierno estadounidense queda reflejada en los cables de la embajada y del Departamento de Estado. Por ejemplo, en octubre de 1974, el segundo en la Secretaría de Estado, Robert Stephen Ingersoll, en un cable dirigido a las embajadas y consulados de España y Portugal dice: *"Debería ser claramente entendido por nuestros amigos que desconfiamos profundamente de los avances que hagan aparecer a los comunistas como respetables participantes en los procesos políticos nacionales [...] Nos inquieta la tendencia de algunos líderes españoles moderados de sumarse a la inspirada por el PCE "Junta Democrática" en asuntos donde las circunstancias requieren cooperación con los comunistas [...] A pesar de las declaraciones que dicen que tales alianzas son sólo tácticas, creemos que la experiencia en otros países demuestra que son los comunistas los que más se benefician de los frentes populares [...] Todo el personal debería estar alerta para aprovechar cualquier oportunidad para expli-*

---

[174] Santiago Carrillo, *Eurocomunismo y Estado*, pág. 215

car la posición de los Estados Unidos en este tema, especialmente en situaciones donde el silencio podría ser interpretado como consentimiento [...] El principal objetivo es asegurarnos de que los españoles dispuestos a escuchar reciban sin ambigüedades cuál es la postura de los EEUU".[175] Kissinger, en un cable dirigido a la OTAN: "Veríamos la participación comunista en un futuro gobierno español como un desarrollo malsano que inevitablemente dañaría las relaciones con los EEUU y las instituciones de Europa Occidental".[176] El embajador Wells Stabler, en mayo de 1975: "nuestra principal preocupación debe ser que España permanezca tan estable como sea posible en los próximos años y que los comunistas sean frustrados en cualquier propósito que puedan tener respecto a extender su influencia en la península ibérica".[177]

Pero el Partido Comunista de España no estaba aislado, contó con la ayuda de la Unión Soviética y de los países del Este. Así lo afirma Stabler. El embajador estadounidense en Madrid elabora un informe para la Secretaría de Estado en marzo de 1976 en el que dice: "Damos por sentado que el interés fundamental de la Unión Soviética radica en mantener a España aislada del bloque occidental, particularmente, fuera de la OTAN. Desean el fracaso del experimento actual español y un desplazamiento hacia una situación de, al menos, un no alineamiento de hecho, junto con un crecimiento del comunismo español con el objetivo, al menos teórico, de una España comunista. Los soviéticos continuarán gastando dinero en el PCE y en las organizaciones comunistas paralelas como las Comisiones Obreras y, quizás a través de intermediarios, incluso en grupos inclinados a la violencia.

[175] Cable 1974STATE238274_b
[176] Cable 1975STATE259501_b
[177] Cable 1975MADRID03443_b

Perturbarán de manera encubierta y se mostrarán razona-
bles de manera abierta."[178]

A propósito de una gira del Secretario General de Comisiones Obreras, Marcelino Camacho, por varios países del Este y la Unión Soviética, Stabler dice en un cable de la embajada: *"No es ningún secreto que las comunistas Comisiones Obreras reciben un gran apoyo financiero de la WFTU* [Word Federation of Trade Unions] *y de fuentes sindicales comunistas de Francia, Italia y la Europa del Este. Según una fuente sindical española bien informada con estrechos vínculos con la IMF* [International Metalworkers' Federation] *la mayor parte de la ayuda extranjera que recibe CCOO viene de 'Berlín Este y Moscú'".[179]*

Desaparecida la RDA, se encontraron unas cartas de dirigentes comunistas españoles en los archivos de Erich Honecker, una de ellas, con fecha de 12 de marzo de 1975, estaba firmada por Santiago Carrillo. El Secretario General del PCE agradecía la ayuda recibida de la RDA: *"Quiero manifestarte el agradecimiento profundo del Comité Central de nuestro partido por la ayuda extraordinaria que acabamos de recibir de vuestra parte. Lo único que sentimos es no poder hacerla pública para que todo nuestro partido y nuestro pueblo conozcan esa solidaridad".[180]* Evidentemente no podían hacer público que recibían ayuda de los países socialistas.

El eurocomunismo significó ciertamente independencia de los partidos comunistas europeos ante Moscú, pero no una ruptura ideológica con el marxismo ni la impermeabilización con respecto al área de influencia soviética. El PCE seguía

[178] Cable 1976MADRID01849_b
[179] Cable 1976MADRID06473_b
[180] El País, *Una antología de cartas a Honecker prueba que la RDA dio ayudas al PCE,* 4 de noviembre de 1994.

siendo útil para la URSS, un instrumento para hacer valer su política en España. Dentro del Partido Comunista de España existían pro soviéticos, como la misma Ibárruri, pero la tesis eurocomunista de Carrillo se impuso en el partido. Carrillo no era muy bien recibido en Moscú tras su apuesta por el eurocomunismo y el cuestionamiento de la hegemonía internacional del PCUS. Cuando Dolores Ibárruri dejó la Unión Soviética el 13 de mayo de 1977 para regresar a España, fue despedida con honores mientras se evitaba cualquier mención al PCE o a sus dirigentes. En la ceremonia de despedida en el aeropuerto, el miembro del Politburó, Mijail Andreyevich Suslov, principal ideólogo del PCUS, guardián de la ortodoxia, ensalzó la figura de la Presidenta del PCE, como se relata en este cable: *'"El símbolo de la lucha del pueblo español contra el fascismo. Estamos plenamente convencidos de que continuará desempeñando un papel principal en la defensa de los intereses y la amistad entre nuestros respectivos partidos y pueblos'. Suslov omitió mencionar al PCE o a cualquier otro líder del PCE y transmitió los mejores deseos del Politburó y de Brezhnev para ella sola. En respuesta, Ibárruri aseguró a sus camaradas soviéticos que 'el PCE, que tiene una gran influencia ahora en España, seguirá siendo un verdadero guerrero del socialismo y el marxismo-leninismo'".*[181]

Carrillo, como jefe del partido, impuso su línea política. No obstante, existía una tendencia pro soviética y en ella se hallaba la Presidenta Dolores Ibárruri. Hubo un interesante debate público a través de declaraciones a la prensa entre ambos en el que queda reflejado esas dos tendencias dentro del partido. El 22 de mayo de 1977, en una entrevista, preguntan a Carrillo que qué piensa de las palabras de Ibárruri diciendo

[181] Cable 1977MOSCOW06738_c

que: *"El eurocomunismo no existe"*.[182] Carrillo responde un poco cansado: *"Me parece muy extraño que Dolores dijera eso porque el eurocomunismo sí que existe"*. Sin embargo, al día siguiente, Ibárruri se reafirma en sus declaraciones en una rueda de prensa: *"El eurocomunismo no existe, la doctrina es la misma en todo el mundo"*, pero admitía que *"el comunismo no puede ser aplicado en España de la misma manera que en la Unión Soviética"*. Cuando le preguntan por las aparentes diferencias políticas con Carrillo, niega que existan y declara su lealtad a la línea política del PCE, añadiendo: *"Soy una militante muy disciplinada"*. El día 24, preguntan a Carrillo sobre estas diferencias y también el Secretario General niega que existan y trata de neutralizar cualquier nueva metedura de pata de Ibárruri comparándola con Pablo Iglesias, el cual, *"a pesar de estar enfermo y sin poder acudir a un solo mitin porque tenía que quedarse en casa, por el respeto que se le tenía, siempre era elegido miembro del parlamento. De una manera similar, La Pasionaria es en nuestros tiempos un símbolo de la tradición de la lucha obrera"*. Con esta comparación Carrillo venía a decir que Ibárruri, aun gozando de autoridad entre los comunistas, siendo una figura venerada, era una persona mayor, un símbolo, pero no el líder del partido. Felipe González no dejó escapar la oportunidad de aprovecharse de estas diferencias dentro del Partido Comunista y dijo: *"Cuando el debate entre Dolores Ibárruri y Santiago Carrillo termine, puede que sepamos realmente qué es lo que el PCE defiende"*.

Como decimos, el eurocomunismo era una tendencia que significaba la independencia respecto a Moscú. *"Hace mucho que quedó atrás el tiempo en que los deseos de los soviéticos eran considerados ley por el resto del movimiento"*, afirmaba Kissinger a propósito de la celebración del 25 Congreso del

---

[182] Cable 1977MADRID04051_c

PCUS en Moscú, del 24 de febrero al 5 de marzo de 1976.[183] Fue notable la ausencia de los líderes comunistas de Francia y España, Carrillo prefirió acudir a Roma como parte de una delegación de la Junta Democrática antes que asistir al Congreso del PCUS. Por el PCE habló en el Congreso su Presidenta Dolores Ibárruri, pero es el Secretario General el hombre fuerte del partido. En el Congreso se evidenció las diferencias entre los partidos comunistas, el papel preeminente del PCUS en el movimiento comunista internacional parecía cuestionado, muchos líderes omitían en sus declaraciones la condena del maoísmo contrariando por tanto la posición soviética, algunos ni siquiera se referían al internacionalismo proletario. Álvaro Cunhal, leal a la doctrina marxistaleninista y pro soviético, a diferencia de otros líderes comunistas europeos, gozó de la alabanza de los soviéticos y un tratamiento de alto nivel, siendo recibido por Brezhnev, Suslov y Ponomarev; y ocupando él y el PCP las páginas del Pravda.

Y no hay duda de que el eurocomunismo fue rechazado vehementemente por los soviéticos, considerado como un intento de debilitar el marxismo-leninismo o una oposición al internacionalismo proletario el cual es considerado *"un arma poderosa y probada"* del movimiento internacional cuya defensa es *"una tarea sagrada para cada marxista-leninista"*, en palabras de Brezhnev. Pero el eurocomunismo no supone una ruptura ideológica, es una contradicción decir que se renuncia a la dictadura del proletariado y a la vez afirmar que no se abandona el marxismo revolucionario ni se adopta una posición socialdemócrata, queda claro que no se renuncia al marxismo.

Con motivo del 60 aniversario de la Revolución de Octubre, Carrillo viaja a Moscú el 2 de noviembre de 1977, casi dos días

---

[183] Cable 1976STATE062018_b

después que Dolores Ibárruri y el grueso de la delegación comunista española. Los soviéticos le habían dicho que haría una declaración ante las delegaciones congregadas, pero luego fue informado de que no le permitirían hablar, mientras que otros jefes de partido europeos como el francés o el italiano sí hicieron sus declaraciones. Como explicó Carrillo en una rueda de prensa posterior, no estaba sorprendido de que no le hubieran permitido hablar puesto que en el Kremlin *"me consideran un traidor"*.[184] Los soviéticos le ofrecieron hablar en celebraciones regionales, pero Carrillo ya tenía planeado partir. A pesar de todo, el impulsor del eurocomunismo en España no pretendía romper ideológicamente con el marxismo ni quería que España abandonara la órbita de la Unión Soviética. *"La delegación del PCE ha venido para demostrar con nuestra solidaridad que somos fieles a nuestros ideales comunistas. A pesar de las divergencias con el PCUS nadie puede provocar que rompamos con la URSS. Hombres y líderes pasan, pero la Unión Soviética y los partidos permanecen"*.

[184] Cable 1977MOSCOW16208_c

El PSOE

Y si el PCE fue la causa de que se viera a la Junta Democrática como "manipulada por comunistas", ¿por qué el PSOE fue visto sin embargo como un partido moderado y democrático? ¿No perteneció también al Frente Popular contra el que se rebeló Franco? El PSOE y la UGT no promovieron la revolución de 1934 ni se unieron al Frente Popular para defender el parlamentarismo liberal de la Segunda República. No se puede afirmar que fuera una república burguesa puesto que su constitución estaba impregnada de la ideología socialista y perseguía dejar fuera del sistema político a una gran parte de los españoles. Los socialistas, al igual que los comunistas y otras izquierdas, concebían la República como un paso intermedio y vehículo para su democracia socialista. Así lo reconocían desde las páginas de El Socialista en agosto de 1976: *"Aunque el PSOE es partidario de una república socialista, se consideró que la república burguesa era un paso adelante que nos colocaba más cerca de nuestros fines".[185]*

El PSOE de los años setenta, el llamado PSOE de interior o Renovado, el de Felipe González, Múgica, Redondo, Guerra, etc., era un partido que contaba con la bendición de la social-democracia europea, los Brandt, Mitterrand, Palme... Un PSOE homologado a la socialdemocracia europea. Un PSOE considerado moderado, aceptado, por el Departamento de Estado norteamericano de Kissinger.

Este PSOE de interior chocó con el PSOE del exilio, el del exterior, el de Rodolfo Llopis. Éste fundó entonces el PSOE Histórico. Y cuando éste fue legalizado provocó la ira de los socialistas de interior que arremetieron contra el gobierno y se retiraron de la Comisión Negociadora. Enrique Múgica llamaba al PSOE Histórico "grupúsculo residual".[186] Ambos partidos pugnaron por el uso de las siglas, finalmente la Internacional Socialista apoyó al PSOE Renovado y el partido de Llopis cambió su nombre por el de Partido Socialista (PS).

El PSOE era considerado moderado por los americanos y aunque en 1978 tenían algunas dudas respecto a la política económica del PSOE y su oposición inicial al ingreso de España en la OTAN o la renovación del tratado bilateral con los Estados Unidos creían que: *"mayores contactos con los Estados Unidos y con los socialdemócratas europeos, combinados con una mayor experiencia, pueden moderar la actitud del PSOE en su política interior y exterior. Y la responsabilidad de gobernar podría moderarlo igualmente. Estas son las expectativas que deben ser alimentadas tan bien como podamos por nosotros y nuestros aliados".[187]*

[185] El Socialista, nº 68, 1976
[186] Diario 16, 25/2/1977
[187] Cable 1978MADRID01664_d

Lo cierto es que el discurso del PSOE había sido hasta ese momento tanto o más radical que el del PCE. No parecía el candidato adecuado para protagonizar el papel de izquierda responsable y democráticamente coherente junto a un fuerte y bien organizado centro y una derecha con mayor responsabilidad y flexibilidad que tanto los hombres del régimen como los americanos deseaban para la futura democracia.[188]

Pero una cosa era el discurso del PSOE hacia fuera y otra la postura que realmente mantenían. Por ejemplo, esto se evidencia respecto a la entrada de España en la OTAN o las bases americanas, en enero de 1976 El Socialista publica un artículo titulado *22 años de dominación yanqui* en el que se declara contrario a la renovación del acuerdo de España y Estados Unidos y a la permanencia de las bases: *"Las bases cumplen un múltiple objetivo. Perpetuar el sistema económico capitalista mediante una dependencia de la economía española de la americana, en este sentido suponen una garantía para las inversiones extranjeras, fundamentalmente americanas, que controlan los sectores básicos de la economía. Tienen potencialmente un papel represor auxiliar en una posible agudización de la lucha de clases [...] Frente a la política de agresión de ambos bloques el Partido Socialista Obrero Español propugna la desaparición y desmantelamiento inmediato de las bases yanquis en el Estado español".*[189] Sin embargo, ese mismo mes, Felipe González tiene un encuentro privado con el embajador estadounidense y le dice que *"el PSOE, por sus propias razones políticas, estaba contra la renovación del acuerdo de las bases entre España y Estados Unidos, como también estaba en contra de la entrada de España en la*

[188] Cable 1976MADRID01849_b
[189] El Socialista, n° 56, 1976

OTAN. Aunque más adelante, creía que una España demo-crática muy bien podría desear entrar en la OTAN".[190] Sobre esta doble postura del PSOE sirve de ejemplo unas declara-ciones de Múgica al embajador en octubre de 1976: *"Mientras que el PSOE continuaría públicamente rechazando el Pro-yecto de Ley de Reforma del Gobierno y propugnando la 'ruptura', también continuaría adelante con el plan de par-ticipar en las elecciones [...] Múgica dijo que el PSOE se opo-nía a la entrada de España en la OTAN seguramente en teo-ría. No era probable que el primer gobierno democrático fuera socialista. Ese gobierno probablemente llevaría a Es-paña a la OTAN y establecería un compromiso que un futuro gobierno socialista respetaría".*[191]

"España será socialista o no será"

Cuesta entender que los hombres del régimen y el gobierno estadounidense apostaran por el PSOE para asignarle el pa-pel de izquierda demócrata y responsable en un sistema de-mocrático como alternativa de poder a un centro y a una de-recha flexible dada la radicalidad marxista que mostraba el discurso del PSOE. Pero lo cierto es que el PSOE contó con un trato de favor por parte del régimen permitiéndoles libertad de movimiento al extranjero y con una actuación policial dis-criminatoria con respecto a miembros de otros partidos. En septiembre de 1976, el subsecretario de Presidencia, José Ma-nuel Otero, manifestaba al embajador estadounidense que el gobierno *"había hecho muchas concesiones al PSOE porque le necesitaban en el juego político, pero el PSOE permanecía intransigente".*[192] Se refiere Otero a la indeterminación del

[190] Cable 1976STATE024941_b
[191] Cable 1976MADRID07578_b
[192] Cable 1976MADRID07578_b

PSOE para solicitar la legalización con la Ley 21/1976 de 14 de junio sobre el derecho de asociación política, terminaría haciéndolo en febrero de 1977 con la Ley 12/1977 de 8 de febrero, revisión de la anterior ley. Se trataba de incorporar al PSOE en el juego político sin que pareciera que habían sido cooptados por el gobierno, y decimos indeterminación porque Múgica no tenía una respuesta clara al respecto, dijo al embajador que el PSOE tenía que concentrarse en este problema y que en cualquier caso no tomarían una decisión firme hasta después del Congreso de noviembre.

Existía una dualidad en el discurso del PSOE que queda expuesta por las declaraciones de los miembros del Partido Socialista recogidas en los cables de la embajada estadounidense que se citan en este libro. Hacia fuera se expresaban en un tono radical por motivos electorales y para competir con el Partido Comunista, hacia dentro se mostraban más flexibles y moderados. En cualquier caso, tanto los hombres del régimen como los americanos confiaron en que el PSOE podía ser moderado por la persuasión y la experiencia de gobierno, podía llegar a ser una izquierda civilizada.

No se puede despreciar la autenticidad del radicalismo en el PSOE. Aunque históricamente se haya caracterizado por bandazos desde posiciones socialdemócratas a socialistas y viceversa.

Se asume que el PSOE renunció al marxismo en el Congreso Extraordinario de 1979 cuando en su Resolución Política dice: *"El PSOE reafirma su carácter de clase, de masas, democrático y federal. El PSOE asume el marxismo como un instrumento teórico, crítico y no dogmático para el análisis y la transformación de la realidad social, recogiendo las aportaciones marxistas y no marxistas que han contribuido a hacer del socialismo la gran alternativa emancipadora de nuestro tiempo y respetando plenamente las creencias personales. La sociedad que el PSOE preconiza es una alternativa global y completa a la sociedad capitalista, por ser ésta intrínsecamente injusta y explotadora. Los socialistas no pretendemos solamente la corrección de las injusticias más evidentes del sistema capitalista, por lo que debe ser afirmada la voluntad de transformación radical de la sociedad, negándose la posibilidad de una gestión pura y simple del sistema capitalista. El modelo de sociedad socialista por construir ha de basarse en una serie de grandes principios alternativos y contradictorios con los que rigen en la sociedad capitalista y en las sociedades totalitarias. Ha de afirmarse el principio de autogestión[193] como base de la ordenación de la futura sociedad socialista".*

Que el marxismo se asuma como instrumento teórico, crítico y no dogmático no significa abandonar el marxismo. Con esto estaría de acuerdo el mismo Carrillo, es lo que había venido afirmando desde años atrás: era un error repetir fórmulas marxistas pasadas, y se apoyaba en el mismo Lenin y su rechazo al dogmatismo, en la continua adaptación a las circunstancias del momento.

---

[193] El PSOE propugna el principio de autogestión, el socialismo autogestionario. El PSOE ha asumido el mundo capitalista, pero quedan inercias, la ideología nunca desaparece del todo, toma nuevas formas. Este principio que defiende el PSOE ha contribuido a una de las características de la democracia española: el desgobierno y la existencia de tendencias anarquizantes. Sirva como ejemplo el caso de un centro de trabajo dependiente de la Administración bajo un gobierno regional socialista, un hospital público (se hubiera dado igualmente con otro gobierno diferente, la socialdemocracia es hegemónica en España y la mayoría de los partidos se incluyen en ella), en el que los trabajadores con el beneplácito de la Administración y el apoyo de los sindicatos habían organizado sus turnos de trabajo contraviniendo la ley (las leyes se interpretan arbitrariamente o se pervierten su significado, o se hacen nuevas para legalizar acciones arbitrarias aunque estas nuevas leyes sean contrarias a otras normas superiores) y en oposición a todas las recomendaciones científicas y directrices de organismos internacionales respecto a la organización de los turnos de trabajo atendiendo a la conciliación familiar, productividad, salud laboral, seguridad del paciente, etc. Se justificaba por la Administración diciendo que era una decisión tomada por los trabajadores, los sindicatos y la propia Administración *por consenso*. Sobre este caso puede leerse más en el blog: sanidad360.blogspot.com

Se sigue aspirando a la sustitución del sistema capitalista, la meta sigue siendo la misma, la sociedad socialista. Hay que recordar una vez más cómo se presentó en 1974 el nuevo PSOE de Felipe González en Suresnes, cuya resolución política decía: *"El PSOE, cuya aspiración es la conquista del poder político y económico por la clase trabajadora y la radical transformación de la sociedad capitalista en sociedad socialista, insiste en la necesidad cada vez más urgente de implantar en España un régimen democrático como medio para conseguir aquéllos objetivos".* Pero la democracia sigue siendo un medio del que servirse, su meta está más allá.

El PSOE se define en la resolución política del XXVII Congreso celebrado en Madrid en diciembre de 1976 como *"Partido de clase y, por tanto, de masas, marxista y democrático".* Partido de clase implica ser marxista, en el Congreso Extraordinario de 1979 se reafirma como partido de clase. Seguía así la resolución: *"El PSOE se define por un método dialéctico de transición al Socialismo que combine la lucha parlamentaria con la movilización popular en todas sus formas creando órganos democráticos de poder de base (cooperativas, asociaciones de vecinos, comités de pueblos, barrio, etc, etc). La etapa de transición consistirá en la aplicación real de la democracia y no en su abolición. El grado de presión a aplicar deberá estar en función de las resistencias que la burguesía presente a los derechos democráticos del pueblo. Y no descartamos, lógicamente, las medidas de fuerza que sean precisas para hacer respetar los derechos de mayoría, haciendo irreversibles, mediante el control obrero, los logros de la lucha de los trabajadores".*

Cuando un partido concibe la democracia como un vehículo para conquistar el poder y realizar su revolución, cuando se aspira en definitiva al control total de la sociedad, cuando se *marcha al socialismo,* o en el caso de los comunistas, cuando la democracia es la *vía democrática al socialismo*, aunque exista una oposición que por las reglas democráticas consiga gobernar, cualquier paso atrás en su camino a la sociedad que dibuja su ideología, cualquier intento de la oposición de desandar ese camino será visto como un obstáculo inadmisible, como una grave contrariedad a la que hay que poner remedio cuanto antes. Desearán que esa oposición desaparezca, que no exista o que no tenga poder alguno. Puede que se adapten los partidos provenientes del marxismo a la sociedad capitalista, que medren incluso dentro de ella, que sean más bien socialdemócratas, pero quedan tendencias totalitarias, queda una concepción de la democracia particular, queda un modelo de sociedad que construir, diferentes opciones políticas son vistas como enemigas de la democracia, *de su democracia*. Sólo hay un camino y es el que ellos han marcado. La democracia española no ha superado las tensiones que provocaron la Guerra Civil, siguen en muchos casos los mismos partidos con las mismas siglas. Felipe González admitía en 1974 que no eran como los socialdemócratas europeos: *"Tenemos que asumir la historia del socialismo en España. Historia ligada a nombres tan elocuentes como los de Iglesias, Besteiro o Largo Caballero. No hay ruptura entre el pensamiento de aquellos hombres y lo que representan hoy los socialistas en nuestro país. Sí hay, lógicamente, adaptación a una situación económica, social y política completamente distinta [...] El socialismo en España no es identificable con el socialismo en Alemania y no sabemos si lo podrá ser con el socialismo portugués. Lo que es cierto es que nunca se abandonó por el socialismo español, la meta de conseguir una sociedad socialista, en la que la clase trabajadora sea dueña de su propio destino y de los medios que utiliza"*.[194]

[194] El Socialista, nº 30, 1974

La famosa respuesta de Lenin a Fernando de los Ríos, *"Libertad, ¿para qué?"*, sirve de título a un artículo de El Socialista de junio de 1974 en el que los socialistas explican para qué quieren la libertad en España: *"Pues en nuestro país libertad para empezar a poner los cimientos de una sociedad socialista, libertad para asociarnos políticamente, los socialistas, los sindicalistas, para poder usar esa libertad en nuestra lucha contra el capitalismo y la explotación, y esa libertad formal, burguesa, medio de nuestro combate, es hoy un objetivo primario. En suma, libertad formal para poder conquistar tras esta la otra libertad, la libertad real. Democracia burguesa como medio de alcanzar la democracia político-económica socialista".[195]* Es decir, la táctica tradicional socialista de conquista del poder, democracia burguesa como medio de alcanzar la democracia socialista, libertades burguesas como medio de alcanzar la *libertad real*, la libertad socialista, que consiste lógicamente en librarse de los enemigos del socialismo, de verse libres de ellos o de su influencia política, en definitiva, la libertad real socialista es la ausencia de libertad, la negación de la libertad, poder decir por fin: Libertad, ¿para qué?.

Las declaraciones de los socialistas y las publicaciones de su órgano de propaganda en esos años abundan en esta línea radical, por ejemplo, en 1974: *"El PSOE nunca fue maximalista en su lucha ni en sus planteamientos, pero tampoco nunca esquivó sus directrices marxistas, por eso hoy puede proclamar la necesidad de consolidar la acción conjunta de todas las fuerzas populares democráticas y anti-autoritarias, como paso previo indispensable para la conquista del socialismo".[196]* En 1975: *"El restablecimiento de las libertades supone para el PSOE la consecución de unas plataformas, de*

[195] El Socialista, n° 24, 1974
[196] El Socialista, n°21, 1974

unos medios como decíamos anteriormente, con los cuales conseguir el objetivo final. *El PSOE es consciente de que la Revolución a realizar en España es la Revolución Socialista".*[197] La portada de El Socialista de agosto de 1975 lleva como título *Combatir por el socialismo,* en su texto se dice: *"Para los socialistas la democracia interna es insustituible y la unidad de acción, de defensa del Partido, imprescindible. Será velando por los dos principios: la democracia y la disciplina como un partido socialista -el PSOE- garantizará el cumplimiento de su labor: la transformación radical de las estructuras capitalistas y su sustitución por un socialismo autogestionario".*[198]El Secretario General de la UGT, Nicolás Redondo, decía en enero de 1976 sobre la línea de lucha obrera: *"Se trata, en definitiva, de la estrategia sindical adecuada para lograr la instauración de un socialismo democrático y autogestionario".*[199] El día 30 de enero de 1976 tuvo lugar en Sevilla un multitudinario mitin del PSOE protagonizado por Felipe González, terminó el Secretario General del Partido Socialista con estas palabras: *"España será socialista o no será, el socialismo vencerá".*[200]

La ayuda recibida

El PSOE contó con ayuda financiera y política desde dentro del régimen y desde el exterior. Sobre esto no cabe duda alguna, los cables de la embajada estadounidense lo demuestran sobradamente. Tampoco fue el único partido que contó con ayuda. Stabler recomienda que los grupos demócrata

[197] El Socialista, nº 33, 1975
[198] El Socialista, nº 45, 1975
[199] El Socialista, nº 56, 1976
[200] El Socialista nº 57, 1976

cristianos, socialistas y liberales reciban la ayuda de sus colegas europeos porque pueden darla de manera encubierta ya que *"La sensibilidad de los españoles, la clara posibilidad de decisiones equivocadas y la casi segura exposición pública son razones en contra de una ayuda clandestina de los Estados Unidos".*[201] Pero esto indica que la ayuda estadounidense clandestina era una opción.

El SPD se destacó entre los partidos socialdemócratas europeos que ayudaron al PSOE. La responsable de la sección internacional del SPD para Europa del Sur, Veronika Isenberg, afirmaba ante el Consejero Político y otros funcionarios de la embajada estadounidense en Bonn en enero de 1976 que *"El SPD estaba dando tanto apoyo financiero como político al PSOE. Confirmó que Willy Brandt y el SPD habían intervenido ante el gobierno español con ocasión de la detención de socialistas".*[202] El embajador Eaton relata una entrevista con Enrique Múgica en octubre de 1976: *"Múgica dijo que el PSOE recibía abundante ayuda exterior de sus colegas socialdemócratas europeos, pero que la UGT sólo recibía una modesta ayuda de los sindicatos europeos occidentales, incluyendo los alemanes que se concentraban en el PSOE".*[203]

Uno de los medios por los que el PSOE y la UGT recibieron la ayuda alemana fue a través de la Fundación Friedrich Ebert del SPD, establecida formalmente en España en junio de 1976 aunque ya estaba presente una delegación desde 1975. Había sido un medio por el que el SPD financió a los socialistas portugueses, así lo afirmaba Willy Brandt ante el embajador estadounidense en Bonn, Martin Joseph Hillenbrand, en septiembre de 1975, cuando le resumía el contenido de una

---

[201] Cable 1976MADRID01849_b
[202] Cable 1976BONN01598_b
[203] Cable 1976MADRID07578_b

reunión en Londres a la que habían asistido seis líderes socialdemócratas (Kreisky, Palme, Van Den Uyl, Mitterrand, Wilson y Brandt) con el fin de tomar medidas para que el rumbo en Portugal cambiara: *"Brandt mencionó de pasada que algún dinero del SPD ya iba al PPD por medio de la Fundación Friedrich Ebert".[204]*

Tras las elecciones de junio de 1977, el entonces embajador estadounidense en Bonn, Walter J. Stoessel, refiere en un cable de la embajada que un cargo del Partido Socialdemócrata Alemán le dijo que el SPD estableció una oficina de la Fundación Friedrich Ebert en Madrid para formar a los miembros del PSOE tanto para tareas de gobierno como de partido: *"A través de esa oficina, está organizando la formación de los socialistas españoles. Además, el SPD ha ayudado al PSOE a obtener créditos bancarios aquí para financiar su campaña. No hace falta decir, que el SPD ha estado rechazando los recientes esfuerzos periodísticos que buscan saber exactamente qué ayuda se le ha estado dando al PSOE".[205]* En otro cable, el consejero político Marshall Brement dice que el nuevo Instituto de Educación de la UGT está siendo financiado por la fundación Friedrich Ebert.[206]

Gracias a la ayuda recibida el PSOE pudo convertirse en el principal partido de la oposición. Dice Stabler en octubre de 1976: *"Como resultado del respaldo financiero y el soporte técnico del SPD y los intensos esfuerzos de la dirección del*

---

[204] Cable 1975BONN15265_b. En esa reunión se acordaron cuatro medidas a realizar por estos seis partidos socialdemócratas en Portugal: 1) ayuda al partido socialista de Portugal para organizarse y conseguir la máxima eficacia, lo que incluía tanto asesoramiento como ayuda financiera; 2) creación de opinión pública, Brandt propuso financiar el periódico *República* y devolverlo al control socialista; 3) un programa de intercambio en ambas direcciones, con énfasis en las fuerzas armadas, otro grupo serían los miembros de la asamblea constituyente; 4) ayuda económica a Portugal cuando la situación política se hubiera aclarado, aparte de ayuda de la Comunidad Europea otros países europeos no miembros con gobiernos socialdemócratas podrían ayudar.
[205] Cable 1977BONN10960_c
[206] Cable 1978MADRID06750_d

partido durante el último año, el PSOE es de lejos el partido no comunista de la oposición mejor financiado y más efectivamente organizado".[207]

En marzo de 1977, el embajador Stoessel, refiere una visita de Felipe González a Alemania. Concluye Stoessel diciendo: *"La cálida bienvenida que González recibió de Brandt, Schmidt y compañía indica que el SPD continúa dando dinero a González y al PSOE"*.[208]

No sólo sirvió la ayuda externa recibida por el PSOE para convertirlo en un gran partido, también permitió a sus dirigentes, al parecer, llevar un estilo de vida fastuoso. Tanto es así que preocupó al mismo rey Juan Carlos. Kissinger relata una conversación mantenida con el rey en noviembre de 1976 en la que, además, se evidencia una vez más la construcción de la democracia desde arriba: *"Con respecto a un partido de centro, le dije al rey que me habían dicho que un ministro me había citado diciendo que si un partido de centro no se formaba pronto, los Estados Unidos respaldarían a los socialistas. Enfaticé al rey otra vez que no había absolutamente nada cierto en esa afirmación. Nosotros creíamos que sería deseable crear un número de grandes partidos políticos incluyendo el centro, pero no teníamos preferencias específicas. Asumí que el ministro me estaba utilizando para favorecer sus esfuerzos de reunir un grupo de centro en el que él esperaba jugar un papel importante. El rey dijo que lo entendía. Reconoció al mismo tiempo la importancia para España de un partido socialista que fuera democrático. Por desgracia Felipe González estaba haciendo críticas públicamente y eso no ayudaba. Dijo que uno de sus emisarios se había entrevistado recientemente con el Canciller austríaco*

[207] Cable 1976MADRID07195_b
[208] Cable 1977BONN05408_c

Kreisky quien a su vez estaba sirviendo de ayuda en moderar el punto de vista de González. El rey también comentó que tenía informes de que González estaba viviendo a todo tren por Madrid y que esto no ayudaría a su imagen como líder socialista".[209]

[209] Cable 1976STATE272247_b

Estado social y democrático de Derecho

Estado social y democrático de Derecho

El artículo 1 de la Constitución española aprobada y ratificada en 1978 dice así: *"España se constituye en un Estado social y democrático de Derecho"*.

El Estado democrático español se asienta en los cimientos del Estado franquista. Las Cortes españolas actuales son una actualización de las Cortes franquistas. Si en lo político hay una evolución, en lo social ocurre lo mismo. El Estado social español también debe al Estado social franquista las estructuras fundamentales.

La expresión justicia social es utilizada ampliamente por los grupos de izquierda para ampararse en sus demandas sociales. Su creación, no obstante, es obra de un sacerdote católico, el Padre Luigi Taparelli, en la primera mitad del siglo XIX. El orden moral que justifica el Estado social franquista se fundamenta en la doctrina social católica que se basa en el concepto de justicia social.

Los autores de la Constitución se inspiraron en la Constitución alemana para definir el Estado español. El artículo 20.1 de la Constitución de Bonn dice: *"La República Federal de Alemania es un Estado federal democrático y social"*. Hay un cambio ideológico respecto al franquismo, pero no se parte de cero. No se puede obviar la realidad de que se construye sobre unos cimientos ya fundados. El Estado social español tiene su origen en el Estado social franquista.

La Ley de Sucesión en la Jefatura del Estado de 1947 en su artículo 1 define la unidad política de España como un *"Estado católico, social y representativo, que, de acuerdo con su tradición, se declara constituido en Reino"*. La Ley de Principios del Movimiento Nacional de 1958 dice en el artículo VII que la forma política del Estado nacional es la *"Monarquía tradicional, social y representativa"*. La Ley Orgánica del Estado de 1967 establece en su artículo tercero que es un fin fundamental del Estado *"la promoción de un orden social justo en el que todo interés particular quede subordinado al bien común"*. En el preámbulo de la Constitución de 1978 se dice en similares términos que es voluntad de la Nación española: *"garantizar la convivencia democrática dentro de la Constitución y de las leyes conforme a un orden económico y social justo"*.

Las bases del Estado social español son puestas por el régimen franquista. No es la institución de la seguridad social el único componente del Estado social aun siendo componente fundamental del mismo[210]. El Estado social interviene en la economía, regula las condiciones de trabajo, favorece la igualdad de oportunidades, la formación técnica de los trabajado-

---

[210] Con la Ley de bases de la Seguridad social de 1963 se supera el régimen de seguros sociales.

res y la educación de todos los ciudadanos, fomenta una política de redistribución de la renta...

Algunas de estas atribuciones del Estado social se recogen ya en el Fuero del Trabajo de 1938 que incrementa también los seguros sociales. El Fuero de los Españoles de 1945 introduce el derecho a la educación en su artículo quinto: *"Todos los españoles tienen derecho a recibir educación e instrucción y el deber de adquirirlas, bien en el seno de su familia o en centros privados o públicos a su libre elección. El Estado velará para que ningún talento se malogre por falta de medios económicos"*, garantiza asimismo los seguros sociales e instituciones de asistencia estatales en los artículos 28 y 29. El artículo IX de la Ley de Principios del Movimiento dice: *"Todos los españoles tienen derecho: 1) A una justicia independiente, que será gratuita para aquellos que carezcan de medios económicos. 2) A una educación general y profesional, que nunca podrá dejar de recibirse por falta de medios materiales. 3) A los beneficios de la asistencia y seguridad sociales. 4) A una equitativa distribución de la renta nacional y de las cargas fiscales"*.

El principio cristiano de la justicia social es un referente claro en las Leyes Fundamentales franquistas. El preámbulo del Fuero del Trabajo dice: *"Renovando la tradición católica de justicia social y alto sentido humano que informó la legislación de nuestro glorioso pasado, el Estado asume la tarea de garantizar a los españoles la Patria, el Pan y la Justicia"*. El artículo IX.4 de los Principios del Movimiento Nacional dice: *"El ideal cristiano de la justicia social, reflejado en el Fuero del Trabajo, inspirará la política y las leyes"*. La Ley Orgánica del Estado dice en su artículo 21.b que son fines del Consejo Nacional: *"Defender la integridad de los Principios del Movimiento Nacional y velar porque la transformación y desarrollo de las estructuras económicas, sociales y culturales se ajusten a las exigencias de la justicia social".*

No es el fascismo de la Carta del Lavoro italiana de 1927 o el nacionalsindicalismo la ideología que inspira el Fuero del Trabajo de 1938 y el resto de las Leyes Fundamentales. Aunque se aprecien elementos de las mismas en las formas del régimen no determinan la política rectora de este. El franquismo se caracteriza por una exaltación nacionalista e identificación con la religión católica, por lo que tiene sentido hablar de un nacionalcatolicismo. A diferencia de otros nacionalismos que sí presentan características totalitarias no se acompaña de la pretensión expansionista del territorio, puesto que la aspiración de recuperar Gibraltar queda fuera de esta categoría siendo una aspiración legítima bajo cualquier sistema político. Los principios básicos de la doctrina social de la Iglesia como la dignidad trascendente de la persona humana o el bien común son principios básicos de las Leyes Fundamentales del franquismo que se mencionan repetidamente en sus articulados.

Subordinar la economía a la dignidad de la persona es un fin expresado en el Preámbulo del Fuero del Trabajo, en su artículo I.2 se dice que *"Por ser esencialmente personal y humano, el trabajo no puede reducirse a un concepto material de mercancía, ni ser objeto de transacción incompatible con la dignidad personal de quien lo preste".*

La doctrina social de la Iglesia declara que la autoridad política debe servir al bien común y con este sentido se dice en el artículo 2.II de la Ley Constitutiva de las Cortes de 1942 que *"Todos los Procuradores en Cortes representan al Pueblo español, deben servir a la Nación y al bien común y no están ligados por mandato imperativo alguno".* El artículo primero del Fuero de los Españoles dice: *"El Estado español*

*proclama como principio rector de sus actos el respeto a la
dignidad, la integridad y la libertad de la persona humana,
reconociendo al hombre, en cuanto portador de valores eter-
nos y miembro de una comunidad nacional, titular de deberes y derechos, cuyo ejercicio garantiza en orden al bien común".*

La Iglesia considera a la familia un elemento vital de la sociedad a la que da prioridad en importancia ante la sociedad
y el Estado. Así, el artículo 22 del Fuero de los Españoles dice:
*"El Estado reconoce y ampara a la familia como institución
natural y fundamento de la sociedad, con derechos y deberes
anteriores y superiores a toda ley humana positiva".*

En el Preámbulo de la Ley Orgánica del Estado de 1967 se
lee: *"A pesar de haber transcurrido varios lustros desde la
promulgación del Fuero del Trabajo y del Fuero de los Españoles, pocas son las modificaciones que la experiencia acon-
seja introducir en ellas. Sus líneas maestras acreditan el valor permanente del ideario que las inspira y gran número de
sus declaraciones y preceptos constituyen una feliz anticipa-
ción de la doctrina social católica recientemente puesta al
día por el Concilio Ecuménico Vaticano II".* Aunque de manera natural los problemas sociales siempre han preocupado
a la Iglesia, es a partir del siglo XIX, por las duras consecuencias de la Revolución Industrial, cuando la Iglesia intenta
aportar soluciones concretas a la cuestión social.   En la
Rerum Novarum de León XIII del año 1891 está el origen de
la doctrina social de la Iglesia, expresión que introduce Pío XI
en los años treinta del siglo pasado.

El Estado social democrático de 1978 aumentó las prestacio-
nes sociales y se hizo más complejo como consecuencia de la
organización administrativa por Comunidades Autónomas.
Pero el cambio trascendental que se produjo fue la moral o

ideología sobre la que se sustenta. Si en el franquismo es la doctrina social de la Iglesia, a partir de 1978 será la socialdemocracia. La España socialista de González, la que "sería socialista o no sería", encontró ya hecha la base sobre la que erigirse, mediante un cambio ideológico, eso sí. Los mismos socialistas reconocían un socialismo franquista cuando analizaban la reforma de la sanidad en 1975: *"nuestra estructura sanitaria alcanza un nivel de socialización superior al del resto de los países de estructura capitalista del Occidente europeo"*.[211]

Por lo general democracia se asocia con Estado social. Incluso en países donde existe un fuerte individualismo y tradicionalmente se ha rechazado el intervencionismo estatal, como en los Estados Unidos, se ha asumido la función que debe atribuirse el Gobierno o el Estado respecto a la seguridad social. Esto se produjo en los años treinta del siglo XX a partir del New Deal del Presidente Franklin D. Roosevelt ante las consecuencias sociales de la crisis económica del 29.

Los derechos sociales son reconocidos en la Declaración Universal de los Derechos Humanos de 1948 en su artículo 22: *"Toda persona, como miembro de la sociedad, tiene derecho a la seguridad social, y a obtener, mediante el esfuerzo nacional y la cooperación internacional, habida cuenta de la organización y los recursos de cada Estado, la satisfacción de los derechos económicos, sociales y culturales, indispensables a su dignidad y al libre desarrollo de su personalidad"*.

El Estado social plantea inevitablemente un conflicto entre libertad y seguridad (seguridad social). La ayuda estatal influye en el pensamiento y la conducta del individuo, este

[211] El Socialista, n° 38, 1975

puede ganar más independencia respecto a su entorno social, pero en cambio se hará más dependiente del Estado, hay una sujeción. Es indudable que el Estado social proporciona beneficios para la sociedad en su conjunto, mejora las condiciones de vida y la salud de los ciudadanos lo cual aporta a su vez beneficios al Estado, el Estado no existiría sin ciudadanos, sin habitantes dentro de sus fronteras. Es necesario que el Estado intervenga en lo social para preservar la existencia de la nación, por ejemplo, en nombre de la salud pública el Estado toma las medidas necesarias para mejorar la higiene y prevenir la transmisión de enfermedades infecciosas.

Es difícil distinguir si las consecuencias negativas de un Estado social son provocadas por el mismo sistema o por los individuos que demandan los servicios sociales considerados como derechos. Se cae en un círculo vicioso. Los cambios económicos y el propio Estado social modifican las relaciones sociales, a la vez la familia y la red vecinal van cediendo su papel asistencial, se resta autonomía a la persona y se debilita la voluntad para cuidar de sí mismo, de responsabilizarse de su vida. Hay un interés del propio Estado en prestar seguridad social como un medio para prevenir rebeliones o revoluciones. Pero puede derivar fácilmente sin un freno moral hasta entonces proporcionado por la Iglesia hacia posiciones totalitarias. Se convierte el Estado social en un instrumento de control de los individuos y en un medio para imponer políticas invasoras. El principio de subsidiaridad de la doctrina social de la Iglesia es un freno contra la introducción totalitaria del Estado en la esfera privada del individuo y la familia. Las Leyes de Dependencia suponen la entrada del Estado en el ámbito privado, ante un Estado ilimitado puede suponer el control del individuo desde la cuna hasta la tumba. Aunque la Iglesia afirma que es independiente y autónoma respecto al Estado no ha renunciado a influir en él y conservar un vínculo. El Estado es una máquina operada por hombres. Y estos hombres no desean que la Iglesia sea el alma del Estado. La relación ambivalente que mantiene la Iglesia hoy día hace ineficaz cualquier intento de servir como freno moral ante el abuso del Estado y permite que se establezca, al final, una relación de colaboración.

El Estado social alemán tiene como origen el Estado de bienestar de la República de Weimar. Cuando los nazis toman el poder, su política social estuvo motivada además de por la ideología por razones económicas debido a la necesidad de ahorro por el gasto que suponía el Estado social.[212] Hay que preguntarse necesariamente si el auge de la llamada cultura de la muerte que puja por presentar sus demandas como conquistas sociales no tiene esa motivación económica, si no hay aquí un deseo de la sociedad y del Estado de liberarse de una carga. La denominación de la eutanasia como *muerte digna* o el aborto como *interrupción voluntaria del embarazo* muestra que el eufemismo es un recurso para disfrazar una realidad desagradable.

Ese círculo vicioso formado por el Estado social y la sociedad contribuye también a crear una cultura de la irresponsabilidad. Los ciudadanos no aprecian ni valoran los servicios recibidos. Se produce un abuso en el uso de los servicios sociales y fraude por algunos individuos.

*

Es un pleonasmo hablar de Estado de derecho puesto que todo Estado contiene un orden jurídico. Se dice así para definir el nuevo Estado como opuesto a una dictadura, pero una dictadura también es un Estado de derecho. Al definirlo como

---

[212] Gerhard A. Ritter. *El estado social, su origen y desarrollo en una comparación internacional,* pág. 166

Estado democrático y de derecho parece afirmarse esta verdad ya que si un Estado de derecho sólo pudiera ser democrático bastaría con decir Estado social y democrático o Estado social y de derecho. No son sinónimos, por tanto, Estado de derecho y democracia. Un Estado democrático implica que ese Estado tiene una forma democrática de gobierno, en este caso un parlamento cuyos miembros son elegidos por un sistema proporcional; sufragio universal; posibilidad de participación de la sociedad en la política, en este caso sólo a través de los partidos; etc.

Los autores de la Constitución definen el Estado español como Estado de derecho inspirándose en el *rechsstaat* alemán. Un Estado que reconoce y protege los derechos básicos de los individuos y se estructura conforme al principio organizativo de la separación de poderes.[213] Protege las llamadas libertades burguesas: libertad personal, libertad de comercio y profesión, libertad de expresión, libertad de movimiento, de asociación, etc.; y la propiedad privada. El derecho de propiedad privada es en cierto modo el fundamento de los demás derechos y libertades pues es en el espacio privado donde se ejercita por primera vez en libertad la libertad de expresión, reunión, etc. La garantía de este derecho fundamental se cuestiona cuando es tan fácil ocupar ilegalmente una propiedad y tan difícil desalojar a los ocupantes ilegales, como ocurre con el fenómeno llamado "okupa"; o incluso cuando se tolera actividades molestas que producen ruido vulnerando el derecho a la inviolabilidad del domicilio. Una de las causas por las que John Locke legitima la disolución del Estado o el Gobierno es cuando este falta a la obligación de preservar la propiedad privada, pues con este motivo principal los hom-

[213] Carl Schmitt, op. cit.

bres constituyen una sociedad política sometiéndose a sus reglas y leyes.[214] También el derecho a la intimidad, privacidad, la seguridad de los documentos y pertenencias, etc., guardan estrecha relación con este derecho fundamental. La invasión del espacio privado por el Estado se produce hoy día por diversas formas, como la vigilancia masiva a través de los medios electrónicos e internet. Las Constituciones que dicen proteger la privacidad del individuo y el secreto de las comunicaciones no se cumplen. Y esta vulneración de derechos no se produce solamente por el Estado soberano del que se es ciudadano sino también por otros Estados extranjeros, un efecto de este mundo interconectado. Un Estado debe estar preparado para cualquier contingencia y por ello existen los servicios de inteligencia, Hobbes afirma que es necesario que el Estado tenga a sus espías vigilantes para transmitir la información a los gobernantes como una tela de araña transmite las vibraciones a través de los hilos a la araña que permanece oculta.[215] Pero el límite entre el trabajo necesario de un servicio de inteligencia y el control de los ciudadanos por un Estado totalitario parece desdibujarse cada vez más.

Una tendencia natural del Estado de derecho es juridificar y prever en la legislación todo lo que pueda ser objeto de conflicto o disputa. Y principio fundamental del mismo es la igualdad de todos los ciudadanos ante la ley que la Constitución española recoge en su artículo 14. Sin embargo, este principio se altera cuando en la Constitución se otorga la inmunidad para diputados, senadores y Jefe del Estado y cuando mediante Leyes Orgánicas y Estatutos de Autonomía se concede aforamiento para miembros del Poder Judicial y del Consejo de Estado, Defensores del Pueblo o miembros de

---

[214] John Locke, *Segundo Tratado sobre el Gobierno Civil.*
[215] Thomas Hobbes, *De Cive.* [Internet se compone de la palabra en inglés *network* (red), el término *web* significa también red o tela de araña, a veces se utiliza como sinónimo de internet y es parte esencial del mismo como la parte visual de su contenido]

los gobiernos y parlamentos autonómicos. La jurisdicción en estos casos recae en los respectivos Tribunales Superiores autonómicos y en el Tribunal Supremo cuyos miembros han sido elegidos por los partidos a los que pertenecen o son afines los que gozan de estos privilegios.

La independencia del Poder Judicial se identifica con el ejercicio individual de los jueces de los que se dice que son independientes. Pero un juez es una pieza de la máquina del Estado. ¿Puede hablarse de verdadera independencia del juez cuando los órganos de gobierno de la Justicia son nombrados por los partidos? Se dirá que existen jueces prevaricadores, pero ¿no es esto una conducta que se explica por una relación de dependencia en aquellos casos en los que los intereses comunes de los partidos prevalecen sobre sus intereses particulares, cuando la otra parte es un ciudadano, grupo de ciudadanos o cualquier tipo de asociación, cuya causa es considerada perjudicial para los intereses comunes de los partidos?

El fin del Estado de derecho es proteger al ciudadano frente a la arbitrariedad y el despotismo de los gobernantes. Reconoce y protege los derechos básicos de la persona, derechos que son previos a la constitución del Estado. No obstante, el Estado de derecho, el Estado, es un instrumento manejado por personas, por la clase política en un Estado de partidos. El parlamento de una partidocracia es sumamente prolífico en la elaboración de leyes, hay una tendencia a regularlo todo, tendencia totalitaria. Pero a la vez el sistema político español se caracteriza por un Ejecutivo laxo porque muchas leyes no se cumplen y nadie se preocupa por que se cumplan. Por lo que parece que se concitan dos realidades destructivas: la de un Estado con tendencias totalitarias que invade cada vez más la esfera privada e interviene en cada aspecto de la vida del individuo y la de un Estado caracterizado por una laxitud del Ejecutivo en sus diferentes niveles administrativos que promueve la anarquía.

La teoría de la separación de poderes es previa al Estado de derecho, pero es incorporada y forma parte fundamental del mismo como principio organizativo. A la verdad, no puede existir una absoluta separación de poderes, esto es, una independencia de los poderes. La doctrina de Montesquieu de la separación de poderes, que un poder sea freno de otro poder para evitar el abuso, que el Ejecutivo y el Legislativo no caigan en las mismas manos, es un ideal. Diferentes Estados se organizan bajo este principio y puede observarse que algunos han avanzado más en esta idea de la separación de los poderes siendo Estados Unidos el país que más lejos ha llegado en la puesta en práctica de la teoría de Montesquieu. Pero la independencia de los poderes no es posible, siempre existirán relaciones de dependencia porque todos ellos forman parte del mismo sistema político, y ello condicionará la actuación de cada uno de ellos. La Justicia necesitará del Ejecutivo para obligar a cumplir las sentencias, a la policía para que los jueces se sientan protegidos en el desempeño de su función. El Legislativo habrá de aprobar los presupuestos del Ejecutivo y del Judicial (que no es propiamente un poder, nos dice Montesquieu).

En Estados Unidos el Presidente tiene derecho de veto sobre las propuestas del Legislativo, se necesitan los votos de dos tercios del Congreso y el Senado para superarlo. El Jefe del Ejecutivo designa asimismo a los jueces de la Corte Suprema, que su cargo sea vitalicio no significa que renuncien a su posible afinidad ideológica y eviten dejarse influir por ella.

Todas las designaciones del Presidente deben contar con la aprobación del Senado, también las de los miembros del Gobierno. Aunque no suele ser frecuente el rechazo de los candidatos propuestos por el Presidente -tan sólo se han rechazado nueve candidatos en toda la historia de la Federación- sí es algo que ocurre.[216]

La Corte Suprema puede rechazar leyes aprobadas por el Legislativo por interpretar que son inconstitucionales. Que deba existir un órgano en un sistema democrático que juzgue sobre la constitucionalidad de las leyes parece una obviedad. Sin embargo, la realidad proporciona multitud de ejemplos de que las decisiones de los tribunales en diferentes sistemas democráticos con esa competencia están frecuentemente motivadas por sus posiciones ideológicas. Y la Corte Suprema no es una excepción, muchas de sus decisiones son un reflejo de la ideología de la mayoría de los miembros que la componen.

Por tanto, la propia Constitución de los Estados Unidos no separa completamente los poderes. Porque no es posible, es un ideal, un principio organizativo que no puede llevarse al extremo de poner en riesgo la estabilidad del sistema o la pervivencia del mismo Estado. Como se ha dicho anteriormente, sólo cabe pensar que un poder es independiente respecto a otro cuando uno de ellos pertenece a un Estado soberano extranjero.

Confiar en la doctrina de la separación de poderes para que un poder sea freno del otro y así evitar el abuso de poder es un pensamiento ilusorio condenado al desengaño cuando se experimenta en la realidad. Montesquieu concibió el Poder Ejecutivo como el poder desempeñado por un monarca. Y aunque el Presidente de los Estados Unidos pueda recordar la figura del monarca cuando entendemos la monarquía como

---

[216] El último candidato rechazado por el Senado fue John Tower, propuesto para Secretario de Defensa por el Presidente George H.W. Bush en 1989.

el gobierno de uno, el supuesto control del poder en los sistemas democráticos no recae tanto en el principio organizativo de la separación de poderes como en la acción ejercida por los partidos de la oposición basada en sus intereses de partido e ideologías. El Legislativo no hará el mismo control del Ejecutivo si la mayoría de sus componentes pertenecen al mismo partido al que pertenece el Presidente. Que *el monarca* sea elegido por un procedimiento democrático cada cuatro años y venga a ser correligionario de partido junto a una gran parte o la mayoría del Legislativo se aleja del pensamiento teórico de Montesquieu. Así pues, la capacidad del Presidente para llevar eficazmente a cabo su política dependerá de que exista una mayoría de congresistas y senadores de su mismo partido. Al fin y al cabo, esto no es muy diferente de lo que ocurre en los sistemas parlamentarios europeos. Es verdad, no obstante, que en algunas ocasiones el Presidente no encuentra la mayoría en el Congreso porque algunos congresistas de su partido no le apoyan, esto no ocurre en las partidocracias europeas en las que los diputados votan con disciplina militar las leyes apoyadas por sus jefes de partido. Las diferencias entre sistemas democráticos existen. Pero también en la democracia estadounidense hay negociación previa a la votación de leyes en la que se llegan a acuerdos y compromisos, será determinante para la consecución de los objetivos políticos ajustar la política al *Washington consensus.*

Si la realidad demuestra que todo gobierno es de naturaleza oligárquica ya adopte una forma monárquica, aristocrática o democrática, la democracia estadounidense con su innovador sistema de control y equilibrio de poderes no es una excepción a esta ley universal. En el caso estadounidense la oligarquía adquiere su mayor significado aristotélico en el sentido de que son las élites económicas las que condicionan la política de gobierno.[217]

Cambian los gobiernos por medio de los diversos procedimientos con los que funcionan los diferentes sistemas democráticos y pueden producirse cambios políticos significativos que serán aceptados por la oligarquía decididora en tanto en cuanto no pongan en riesgo sus intereses. Lo sustancial de la línea política se mantiene estable, aunque cambien los gobiernos. Ni siquiera los cambios revolucionarios en uno u otro sentido, ya sea para conquistar la libertad política frente a una metrópoli o un poder opresor, ya sea para liberarse del estado de necesidad, acaban con la naturaleza oligárquica del poder. Donde el poder es conquistado por los revolucionarios marxistas-leninistas o derivados, por aquellos que siguen la estela de violencia y terror dejada por los jacobinos, aunque se hayan aplicado concienzudamente en la eliminación física de todos los enemigos de la revolución incluida la oligarquía anterior, el comportamiento oligárquico se manifestará con otras formas, será inevitable la aparición de una clase privilegiada, de una *nomenklatura*.

Lo normal es que las oligarquías de los partidos que quieren conquistar el poder para cambiarlo todo o llevar a cabo la gran reforma terminen incorporándose a la oligarquía dominante existente. La capacidad para adaptarse a la nueva situación y adoptar nuevos principios ideológicos y renunciar a los

---

[217] Mike Lofgren, en su libro *Deep State, the fall of the Constitution and the Rise of a Shadow Government* retrata el funcionamiento oligárquico del sistema estadounidense. Para Lofgren, el "Deep State" no queda delimitado en la definición del "Establishment" y señala un periodo concreto de la historia estadounidense como el punto de partida del "Deep State", durante la II Guerra Mundial. El llamado "Deep State", descrito como un Estado dentro del Estado, condiciona la política rectora del Gobierno independientemente de los cambios presidenciales. Es un conglomerado del que forman parte, estableciéndose relaciones simbióticas, sectores del Gobierno como los Departamentos de Estado, Defensa, Justicia, agencias de seguridad e inteligencia, etc.; así como empresas privadas que trabajan para el Gobierno o son proveedoras de la industria militar; las grandes empresas y Wall Street.

principios tradicionales por parte de las élites políticas, económicas y culturales nunca deja de asombrar. Muchos de los altos cargos del Estado en la democracia española, de los medios de comunicación, etc., habían ocupado una posición elevada en la Administración, Gobierno y medios de comunicación durante la dictadura franquista. Si se rastrean los apellidos de muchos integrantes de grandes partidos de izquierda como el PSOE se descubrirá su conexión con familias pertenecientes a las oligarquías franquistas. Ahora presenciamos el fenómeno de la aparición de los llamados partidos emergentes que dicen ser la solución ante la existencia de una casta política responsable de la degeneración democrática y de la corrupción sistémica. Bien, la utilización del término no es precisa tal como es empleada pues casta implica nacer dentro de un grupo social diferenciado cuyos miembros no se mezclan con los de otros grupos tal como sucede en la jerarquía social de la India. Hay que hablar más bien de clase política como grupo diferenciado del resto, llámese sociedad civil o aquel compuesto por los que no pertenecen a los partidos ni forman parte de su red de apoyo o clientelar. Pero lo curioso es que llegan a parecerse verdaderamente a una casta puesto que esta clase política se compone de familias siempre cercanas a la actividad política y al poder. Incluso en partidos como Podemos, nueva versión del socialismo de izquierdas radical derivado del marxismo, cuyos miembros se han caracterizado por atacar y señalar la existencia de una casta política en sus proclamas propagandísticas como la causante de todos los problemas, casta de la que se distancian para presentarse como limpios de toda mancha, hay apellidos que han estado históricamente presentes en la vida política española y en los grandes partidos de masas de la democracia.

Ni siquiera cuando las nuevas élites no tienen vínculos con

las dominantes se produce una sustitución de las mismas. Michels[218] dice que hay que aceptar con reservas la teoría de la circulación de las élites de Pareto puesto que no se produce un reemplazo sino una mezcla de unas élites con otras en un proceso continuo.

[218] Robert Michels, *Los partidos políticos*, vol. II, pág. 167

Cronología

22 de julio de 1969. El Príncipe Juan Carlos es designado por Franco sucesor en la Jefatura del Estado a título de Rey.

23 de julio de 1969. El Príncipe Juan Carlos jura en las Cortes lealtad al Jefe del Estado y fidelidad a los Principios del Movimiento Nacional y Leyes Fundamentales del Reino.

31 de diciembre de 1973. Gobierno de Carlos Arias Navarro, por designación del General Francisco Franco.

30 de julio de 1974. Presentación en París de la Junta Democrática de España.

11 de junio de 1975. Se crea la Plataforma de Convergencia Democrática.

20 de noviembre de 1975. Muerte del General Francisco Franco.

22 de noviembre de 1975. Proclamación del Rey Juan Carlos como nuevo Jefe del Estado, juramento de fidelidad a las Leyes Fundamentales del Reino y lealtad a los Principios del Movimiento Nacional.

26 de marzo de 1976. Unión de la Junta y Plataforma creándose Coordinación Democrática o "Platajunta".

3 de julio de 1976. Gobierno de Adolfo Suárez, por designación del Rey Juan Carlos.

23 de octubre de 1976. Constitución de la Plataforma de Organismos Democráticos.

15 de diciembre de 1976. Referéndum de la Ley para la Reforma Política.

5 de enero de 1977. Publicación en el BOE de la Ley Para la Reforma Política.

11 de enero de 1977. Reunión de cuatro miembros de la Comisión de los Nueve con el Gobierno.

10 de febrero de 1977. Publicación en el BOE del Real Decreto-Ley 12/1977 de 8 de febrero, sobre el derecho de asociación política. (revisión de la Ley 21/1976 de 14 de junio)

23 de marzo de 1977. Publicación en el BOE del Real Decreto-Ley 20/1977 de 18 de marzo sobre Normas Electorales.

9 de abril de 1977. Legalización del Partido Comunista.

18 de abril de 1977. Publicación en el BOE de la convocatoria de elecciones generales a las Cortes Españolas.

15 de junio de 1977. Elecciones Generales.

4 de julio de 1977. Gobierno de Adolfo Suárez por victoria de UCD en las elecciones.

6 de diciembre de 1978. Referéndum de la Constitución Española.

29 de diciembre de 1978. Publicación en el BOE de la Constitución.

Bibliografía

Carl Schmitt, Constitutional Theory, Duke University Press, 2008.

Lenin, El Estado y la revolución, Alianza Editorial, 2014.

Lenin, El izquierdismo, la enfermedad infantil del comunismo, marxists.org

Marx, Engels, Lenin, La Comuna de París, Editorial Revolución, 1980.

Montesquieu, El espíritu de las leyes, Istmo, 2002.

Antonio García-Trevijano, La alternativa democrática, Plaza y Janes, 1978

Antonio García-Trevijano, El discurso de la República, Ediciones Temas de Hoy, 1994

Santiago Carrillo, Después de Franco, ¿qué?, Editions Sociales, 1965

Santiago Carrillo, Libertad y socialismo, Editions Sociales, 1971

Santiago Carrillo, Memoria de la Transición, Ediciones Grijalbo, 1983

Santiago Carrillo, Eurocomunismo y Estado, Editorial Crítica, 1977

Blas Piñar, ¿Hacia la III República?, FN Editorial, 1979

Blas Piñar, Escrito para la Historia I, FN Editorial, 2000

Gustavo Bueno, El fundamentalismo democrático, Ediciones Planeta, 2010

Dalmacio Negro Pavón, Historia de las Formas del Estado, El Buey Mudo, 2010

Dalmacio Negro Pavón, La ley de hierro de la oligarquía, Ediciones Encuentro, 2015

Hannah Arendt, Los orígenes del totalitarismo, Alianza Editorial, 2015

Thomas S. Kuhn, The Structure of Scientific Revolutions, The University of Chicago Press, 2012

Robert A. Dahl, How Democratic is the American Constitution?, Yale University Press, 2003

José Ortega y Gasset, La rebelión de las masas y otros ensayos, Alianza Editorial, 2014

William Kornhauser, Aspectos políticos de la sociedad de masas, Amorrortu Editores, 1969

Robert Michels, Los partidos políticos, Amorrortu Editores, 2008

Mike Lofgren, The Deep State, Penguin Books, 2016

Alexis de Tocqueville, La democracia en América, Ediciones Akal, 2007

Gerhard A. Ritter, El estado social, su origen y desarrollo en una comparación internacional, Ministerio de Trabajo y Seguridad Social, 1991

Niceto Alcalá-Zamora, Asalto a la República, Enero-Abril de 1936, La Esfera de los Libros, 2011

Manuel Álvarez Tardío y Roberto Villa García, 1936.Fraude y violencia en las elecciones del Frente Popular, Espasa Libros, 2017

Jean-Jacques Rousseau, Del Contrato social, Alianza Editorial, 2015

John Locke, Segundo Tratado sobre el Gobierno Civil, Alianza Editorial, 2014

Thomas Hobbes, De Cive, Alianza Editorial, 2016